AF341244

DÉMOCRATISER L'ÉCONOMIE

*Le marché à l'épreuve
des citoyens*

HUGUES SIBILLE
TARIK GHEZALI

DÉMOCRATISER L'ÉCONOMIE

*Le marché à l'épreuve
des citoyens*

BERNARD GRASSET
PARIS

Collection Mondes Vécus dirigée par
PATRICK SAVIDAN

ISBN 978-2-246-76761-9

Prologue

Savoir compter jusqu'à trois : l'Etat, le marché… et le citoyen

La France dirigeante a peur de ses citoyens.

Ses élites politiques et économiques les veulent sujets, peu acteurs.

Elles les préfèrent soumis ou manifestant, plutôt qu'engagés dans la résolution de leurs problèmes.

Elles les aiment boulons de la machine économique, vaguement dépendants de l'Etat, plutôt que citoyens économiques actifs, pesant sur le cours des choses.

Cette méfiance vient de loin. Un surmoi monarchique pèse sur les idéologies hexagonales. Parfois un soupçon de boulangisme. Des reliquats de loi Le Chapelier.

Nos élites pensent que l'avenir de la société se construit dans la confrontation binaire Etat versus marché. Tout se réduit alors à une question de curseur et de dosage. Schématiquement, plus d'Etat quand vous êtes à gauche, plus de marché quand vous êtes à droite.

Cette grille de lecture bidimensionnelle empêche de compter jusqu'à trois, de donner du relief en intégrant les citoyens comme acteurs à part entière de l'économie, au même rang que l'Etat et le marché.

En témoigne la persistance des pouvoirs publics à vouloir régler tous les problèmes de la société, par des lois ou dispositifs publics (sans évaluer l'impact des lois ou dispositifs précédents), ou par l'extension illimitée du domaine de la marchandise. Avec les résultats que l'on connaît. *« Quand on a un marteau dans la tête, on voit tous les problèmes comme des clous. »* Le proverbe s'applique souvent aux dirigeants français. Le citoyen est pour eux soit un « usager », soit un « bénéficiaire », soit un « consommateur » : rarement un acteur.

En atteste ainsi la difficulté chronique de l'Etat à considérer le mouvement associatif comme un partenaire dans la satisfaction de l'intérêt général, alors qu'il en est un acteur majeur, dans les champs de l'éducation, de la culture, de l'environnement, du social, du sport, et alors qu'il défriche, souvent, les nouveaux besoins sociaux et sociétaux.

Des chartes sont élaborées (charte des engagements réciproques entre l'Etat et les associations en 2001 par exemple) mais n'engagent que ceux qui les signent et sont rarement suivies d'effets. La RGPP (révision générale des politiques publiques), lancée en 2007, bonne idée à la base, est menée sans concertation avec les acteurs associatifs. Elle définit unilatéralement les indicateurs de « performance » utilisés dans le cadre du financement public des associations, et privilégie les indicateurs de gestion et de contrôle :

la RGPP peut devenir alors un facteur de fragilisation et d'instrumentalisation des associations.

La crise financière, en remettant l'Etat au centre, risque de conforter paradoxalement l'approche binaire Etat/marché. Après trente ans de credo « moins d'Etat, plus de marché », elle a en effet réactualisé l'idée de « plus d'Etat, un marché mieux régulé ». Pas de frayeur, on reste dans le duel.

La régulation de ce seul face-à-face entre la figure du capitaliste et celle de l'Etat est nécessaire mais insuffisante. Cessons de nous raconter la fable du poulailler et du gendarme : le capitaliste défendant le renard libre dans le poulailler libre ; l'Etat gendarme, comme dans Guignol, débarquant de temps en temps dans le poulailler avec un couperet (qui ressemble à la Loi), pour réglementer, contraindre, rappeler à l'ordre.

*

Nous nous inscrivons résolument dans une vision régulatrice de l'économie. Seuls les ultralibéraux croient que le marché livré à lui-même est susceptible de répondre à l'intérêt de tous ou que le périmètre de l'Etat doit être réduit à ses fonctions régaliennes de justice, de sécurité et de défense... Nous considérons l'impôt et la redistribution comme d'indispensables outils de solidarité, nécessaires pour faire société, signes de civilisation.

Mais s'il est légitime d'appeler l'Etat pour éteindre l'incendie financier, économique et social actuel, et poser les briques d'un nouvel édifice, attention à une démagogie qui entonnerait la chanson du retour de l'Etat, sur l'air de « *on vous l'avait bien dit* », sans faire l'effort de reformuler une doctrine de la régulation étatique qui ne corresponde plus à celle de 1981.

Le *mieux d'Etat* plutôt que le plus d'Etat n'a pourtant jamais été aussi nécessaire, au regard de la situation de nos finances publiques et du niveau de dépenses publiques en France (140 Md€ de déficit en 2009, 8 % du PIB) : avant de demander plus, il faut d'abord faire mieux, avec autant.

Si l'autorégulation des marchés a montré ses limites, la réhabilitation de la régulation publique n'est pas suffisante. Le débat sur les régulations ne peut se limiter aux modalités de l'intervention publique (Etat gendarme, Etat keynésien qui relance par la dépense publique, Etat entrepreneur qui investit dans les entreprises et secteurs stratégiques…). Il doit s'ouvrir à de nouvelles régulations citoyennes et entrepreneuriales, de et par la société civile.

D'aucuns nous traiteront de naïfs et d'utopistes. Nous croyons l'inverse : ce qui est naïf, c'est de penser que l'Etat va régler seul les problèmes. L'époque de l'Etat omniscient est révolue. Merlin l'enchanteur public a perdu ses pouvoirs surpuissants.

La mobilisation des pouvoirs publics pour répondre à la crise, indispensable, ne saurait se penser sans associer la société civile dans la construction des réponses, leur mise en œuvre et leur évaluation. La complexité des enjeux, leur interdépendance, leur internationalisation l'imposent.

Symbole de l'illusion des Etats Sauveurs du Monde : les G20 et leur spectacle mondovision d'élites politiques se percevant comme les derniers remparts avant l'anarchie et le Déluge social et écologique. Mais tous les G20 de l'univers n'arriveront pas à changer la donne s'ils n'associent pas les citoyens. Le monde d'après-crise ne se bâtira pas sans eux : les citoyens ne sont pas le problème, ils sont la solution.

Hors des partis et de l'Etat, les citoyens sont en effet de plus en plus nombreux à agir concrètement dans le champ entrepreneurial, territorial, associatif, des médias, de l'Internet, des logiciels libres… pour relever les défis colossaux qui s'imposent à nous. Dans cette société civile active, il y a une espérance, un optimisme, une vitalité, une utopie réaliste qui semblent aujourd'hui étrangers aux décideurs politiques.

Epargnants, consommateurs, salariés, bénévoles, entrepreneurs, militants… ces centaines de milliers de citoyens, de toutes classes sociales, de tous milieux professionnels, de tous âges, en ont assez de la vision de l'économie qui a dominé la planète ces trente dernières années.

Une vision où une petite minorité décide pour une vaste majorité. Où réussir se confond avec la montre Rolex à 50 ans. Où la concurrence, le marché et la logique du profit gagnent toutes les sphères de l'activité humaine. Où l'entreprise a pour finalité de maximiser le profit, pas de créer des richesses durables pour toutes ses parties prenantes. Où la quantité l'emporte sur la qualité. Où ce qui n'a pas de valeur marchande, n'a pas de valeur tout court.

Ils sont nombreux, les citoyens en désaccord avec cette vision, qui cherchent à construire des alternatives, à vouloir articuler valeurs et pratiques de solidarité, de liberté, de responsabilité, de coopération. A avoir un autre rapport à l'argent et à la réussite.

*

Foisonnant, innovant, dispersé, ce mouvement de citoyens peine à s'affirmer et à devenir visible et audible, à peser sur le débat public, à influer sur les décideurs. Et si on lui donnait de la voix ? Et si on éclairait la voie qu'il dessine ? Et si on lui faisait quitter la marge pour le mettre au centre de la société ?

Alors, plutôt que de s'enfermer à nouveau dans une confrontation Etat/marché, l'ampleur et l'urgence des crises actuelles devraient nous inciter, collectivement, à inventer un nouveau compromis social qui place le citoyen au cœur du modèle économique.

Après trente ans de keynésianisme (les Trente Glorieuses) et trente ans de libéralisme (les Trente Odieuses), il nous faut construire une économie fondée non pas sur la centralité de l'Etat ou du marché, mais sur celle de l'Homme-citoyen économique.

Remettre l'Homme au cœur du système, de ses régulations et de sa gouvernance, c'est au fond poser la question essentielle de la démocratie dans l'économie, d'une *démocratie économique*.

En démocratie politique il va de soi d'élire ses dirigeants. De pouvoir en changer. D'affirmer une séparation des pouvoirs entre législatif, exécutif et

12

judiciaire. D'avoir deux chambres. De préserver les droits de la minorité dans l'opposition. De défendre la liberté d'expression et le pluralisme. Et de plus en plus, de rechercher les voies d'une démocratie participative qui aille au-delà de l'élection, et permette au citoyen de participer à la préparation de la décision et à son application. On se plaint qu'il n'y ait pas assez de démocratie en politique, jamais qu'il y en ait trop.

Pourquoi cela ne serait-il pas le cas en économie ? Après tout, là où il y a pouvoir, relations humaines et prise de décisions, la question démocratique se pose. Pourquoi alors l'économie, qui joue un rôle structurant dans la Cité, demeurerait-elle à l'écart des enjeux démocratiques ? Si le défi démocratique du XXe siècle a été politique, celui du XXIe siècle sera économique.

Ce livre veut contribuer à le relever.

En proposant trois principes de démocratie économique : associer les citoyens aux décisions économiques qui les concernent ; faire que chacun soit pleinement acteur de l'économie ; être évalué et rendre compte à mesure de son pouvoir économique.

En les articulant avec trois dynamiques entrepreneuriales : celle des sociétés de personnes, celle des entreprises sociales et celle de la responsabilité sociale d'entreprise.

En montrant enfin la nécessité et la pertinence de leur convergence, commençons d'abord par installer le décor.

CORRIGER LA MYOPIE
DES « TRENTE ODIEUSES »

En 2008, le marché, pris d'une main par la spéculation, et de l'autre par le caractère « moutonnier des agents », a fait une vilaine chute. Conséquence de ce nouvel électrochoc : l'idée de régulation est revenue parfois à bride abattue, chez ceux-là mêmes qui l'avaient combattue. Il incombe aux nouveaux convertis de montrer que leur conversion n'est pas que celle de la dernière heure !

Une posture de bon sens s'impose : *accepter le marché*, instrument de liberté et d'efficacité ; *choisir de nouvelles régulations*, instruments de correction des comportements spéculateurs, irrationnels et court-termistes.

*Donner au marché toute sa place,
mais rien que sa place*

Pour autant, le marché ne saurait être l'alpha et l'oméga des rapports humains. Dit autrement et dans une formule plus récente : *« oui à l'économie de marché, non à la société de marché »*. La vision de Polanyi dans *La grande transformation* selon laquelle la société encastre l'économie et non l'inverse, est plus que jamais d'actualité.

Refuser le tout lucratif et le tout marchand, c'est mettre l'accent sur des valeurs qui ne se résument pas à acheter ou vendre. Notre société a perdu le sens du don, du gratuit. Nous nous sommes convaincus nous-mêmes que *« ce qui n'a pas de prix n'a pas de valeur »*, quand nous devrions croire que *« ce qui a de la valeur n'a pas de prix »*. Le bénévolat est une véritable création de richesse. Il mérite d'être reconnu comme tel.

Et les activités associatives dont les modèles économiques mêlent de la ressource publique, du bénévolat, de la philanthropie, de la vente de prestations, contribuent à faire société, à créer du lien social. Le programme « Nouveaux Services, Nouveaux Emplois », créateur de 150 000 emplois d'utilité sociale dans le monde associatif, fut un formidable laboratoire de ces activités, d'une politique publique en leur faveur. Aucun bilan sérieux n'en a été tiré. L'assujettissement culturel à la domination sans faille du marché conduit nombre de dirigeants économiques, syndicaux, politiques, à considérer que des jeunes qui déchargent des cagettes dans une grande

surface ont un vrai emploi, et que des jeunes responsables d'un programme de développement associatif pour les handicapés ou les personnes âgées ont
un « petit boulot ».

Encastrer l'économie dans la société et non
l'inverse, revoir notre système de valeurs, fait partie
de la construction démocratique de l'économie. De
ce point de vue, l'intensification de relations entre
les mondes des entreprises et des associations peut
constituer un enrichissement mutuel. Le champ des
partenariats est immense. Ainsi lorsque Système U
propose des cartes de fidélité à ses clients, dont une
partie des points, abondés par l'entreprise, sont
rétrocédés à l'association Action contre la faim. Algoé
propose du temps gratuit de consultant aux associations, payé en partie par l'entreprise, en partie
par le consultant lui-même. Les partenariats impliquent des échanges réciproques de savoir, et non
une volonté de faire pénétrer le modèle d'entreprise
concurrentielle dans le monde associatif. L'idée
d'assujettir le monde associatif à une mise en
concurrence généralisée n'est pas porteuse d'avenir.

*Distinguer capitalisme
et économie de marché*

Le débat sur la place du marché cache un enjeu
tout aussi important et pourtant beaucoup moins
abordé, celui de la distinction entre économie de
marché et capitalisme, souvent confondus, à tort.

Dans les années 80, le grand historien Fernand Braudel dénonçait déjà cet amalgame : « *Ce que je regrette pour ma part, non en historien, mais en tant qu'homme de mon temps, c'est que dans le monde capitaliste comme dans le monde socialiste, on refuse de distinguer capitalisme et économie de marché*[1]. »

L'économie de marché est un système économique fondé sur l'initiative individuelle, la liberté d'entreprendre, la propriété privée, la concurrence et les échanges marchands. Pour autant, elle n'implique pas par nécessité le règne de la marchandise, l'impératif de rentabilité maximale, la réduction du citoyen à un rôle de producteur-consommateur, le cantonnement de l'Etat dans ses missions régaliennes ou l'atrophie de l'économie non marchande.

L'économie de marché est une réalité plurielle, mouvante. Elle prend différentes formes (anglo-saxonne, rhénane, nordique, asiatique…), avec pour chacune des institutions économiques et sociales (système financier, protection sociale, relations professionnelles, système éducatif, marché du travail) un rôle et un poids de l'Etat différents, résultats de constructions historiques et culturelles propres[2].

Le capitalisme est la forme dominante actuelle de

---

1. *La dynamique du capitalisme*, édition Arthaud, 1985 (réédité en 2008 chez Flammarion), cité par Denis Clerc dans « L'économie de marché », *Alternatives économiques*, hors-série n° 77, avril 2008.

2. Voir *Les cinq capitalismes, diversité des systèmes économiques et sociaux dans la mondialisation*, Bruno Amable, Seuil, 2005. Voir aussi *La guerre des capitalismes aura lieu*, Cercle des économistes, Perrin, 2008.

l'économie de marché où le pouvoir économique appartient strictement aux détenteurs de capitaux et où l'accumulation de capital est l'objectif premier.

Une autre forme d'économie de marché, *démocratisée,* est possible. Elle serait fondée sur des entreprises où la décision résulte de la confrontation des différentes parties prenantes, sur des politiques publiques coconstruites avec les acteurs de la société et sur des individus, citoyens politiques et économiques actifs.

Le bulldozer néolibéral des Trente Odieuses (1980-2010) a empêché jusqu'à maintenant son émergence. Il a tout simplifié et tout réduit : une seule forme d'entreprise (société de capitaux), d'économie de marché (capitalisme financier), d'échanges économiques (marchands) renvoyant tous ceux osant émettre la moindre critique dans le camp des crypto-marxistes.

La crise a créé une fenêtre pour corriger cette myopie idéologique. Saisissons-la !

Décliner autrement les mots « finance » et « individu »

Depuis la crise, la diabolisation de la finance est devenue un « sport national ». La finance est perçue comme un grand Mal à la source de tous nos maux. Elle est pourtant le levier nécessaire au développement des entreprises. Il s'agit plutôt d'œuvrer à la remettre sur de bons rails, réellement utiles aux entreprises et à la collectivité.

Le capitalisme financier s'est en partie déconnecté de l'économie réelle, des impératifs sociaux et écologiques, de la création de richesses durables, pour se focaliser sur une course au profit immédiat.

Le volume mondial annuel des transactions « réelles » de biens et services (PIB mondial) ne représente que 3 % de celui des transactions sur les marchés monétaires et financiers. Le seuil de rentabilité des fonds propres considéré comme la norme au niveau international est encore souvent de 15 % à 20 % (25 à 30 % demain ?) alors que la norme du taux de profit se situait à 3 % en France dans les années 80. 5 000 milliards de dollars sont drainés chaque année par les paradis fiscaux, zones de droit minimal, à l'abri de régulations politique et fiscale, réduisant ainsi fortement les marges de manœuvre financières des Etats[1].

Plutôt que chercher à enterrer une finance bouc émissaire, attaquons-nous à ces dérives. Notre société a besoin de finances patientes pour investir massivement dans les enjeux de notre monde : le vieillissement, l'éducation, l'environnement, la cohésion sociale…

La diabolisation de la finance s'accompagne d'une certaine diabolisation de la figure de « l'actionnaire ». Là aussi, la généralisation est source de confusion : l'actionnaire peut se comporter de manière utile, comme il peut considérer l'entreprise comme une

---

1. Voir François Morin, *Le nouveau mur de l'argent, essai sur la finance globalisée*, Seuil, 2006.

banale marchandise dont il s'agit d'extraire le plus de valeur possible.

Ce sont les pratiques réelles de l'actionnaire qu'il faut interroger et savoir remettre en cause.

La question de *l'individu* dérange souvent, notamment au sein des mouvements progressistes. L'individu a du mal à y être pensé autrement que comme menace pour le Collectif, alors que paradoxalement, l'émancipation individuelle était au cœur des Lumières et des luttes ouvrières.

Nous croyons à un individualisme humaniste, distinct de l'individualisme capitaliste dans lequel l'individu est tenu de se révéler à l'épreuve du marché et de la compétition. L'éloge de l'individu n'est pas forcément critique du collectif ou de la solidarité.

On peut être attaché à la solidarité collective sans que cela empêche de défendre la liberté individuelle, l'initiative privée, la réussite personnelle. Dans les démocraties de marché, le « nous » ne saurait se réduire à la simple superposition des « je » qu'une « main invisible » coordonnerait miraculeusement…

A leur manière, les coopératives d'activité et d'emploi (CAE) qui permettent de mener un projet d'entreprise individuelle dans un cadre collectif, constituent une réponse intelligente et concrète à ce besoin actuel d'être « libres ensemble » (de Singly). Dans une CAE, on travaille pour soi et on réussit ensemble. La CAE s'adresse *a priori* aux plus indépendants d'entre nous : les créateurs d'entreprise ou du moins, de leur propre emploi. Mais au lieu de sauter seul dans la piscine « struggle for life » pour en sortir riche ou dépouillé, on se regroupe et on devient un « entrepreneur salarié », accompagné, associé. On crée sa propre activité (informaticien, designer, secrétaire, tapissier, consultant...), on prospecte son chiffre d'affaires, on est maître de son travail, mais dans un cadre mutualisé. Le porteur de projet trouve dans la CAE un hébergement juridique, social, comptable, fiscal ; il y apprend son métier d'entrepreneur (on ne naît pas entrepreneur, on le devient !) et peut dédier la totalité de son temps à son activité ; il dispose d'une couverture sociale, bénéficie d'un effet réseau, contribue à un projet collectif.

Aux côtés du marché et de l'Etat, il est temps d'affirmer le rôle et l'importance de l'individu, sujet libre et responsable et fondement de la démocratie économique et politique. L'enjeu d'aujourd'hui est bien d'être libre comme l'individu et fort comme le collectif.

Pour une économie plurielle

L'entreprise n'est pas une réalité monolithique ou figée. Elle est un espace social de construction du réel, avec ses tensions mais aussi son potentiel de transformation du monde.

Elle n'est ni un mal ni un bien, mais seulement ce qu'on fait d'elle, levier d'émancipation individuelle ou lieu d'exploitation et de régression sociale. L'entreprise peut exprimer différentes motivations : le lucre à tout prix ; la volonté de bâtir, de développer, de se dépasser ; l'envie de proposer des produits et services qui répondent à de vrais besoins et respectent les hommes et l'environnement.

Elle peut également prendre des formes statutaires différentes : société de capitaux (sociétés anonymes, SA ; sociétés à responsabilité limitée, SARL) mais aussi coopératives, mutuelles et même associations.

Cette diversité – valorisée quand il s'agit de parler de l'origine des salariés, des médias, de la politique ou de l'environnement – est ignorée, dans le champ de l'entreprise. Le débat public sur l'entreprise reste pauvre, avec schématiquement, d'un côté, l'entreprise vue comme un mal nécessaire, une boîte noire à taxer, une vache à lait fiscale ; de l'autre, l'entreprise vue comme une entité *naturellement* bonne, et le chef d'entreprise comme *toujours* un héros. Ces visions sont caduques. Défendons la bio-diversité économique.

Souvent par idéologie et *via* des normes, l'influence du monde anglo-saxon sur les marchés financiers mais aussi sur la matière grise (cabinets d'audit, agences de notation, universités et recherche) a accrédité l'idée qu'en économie de marché n'existait qu'une forme efficace d'organisation pour produire et distribuer des biens et des services : celle de la société de capital par actions. Qu'une seule logique entrepreneuriale : créer de la valeur pour l'actionnaire. Et qu'une gouvernance possible : celle du pouvoir à l'actionnaire au prorata de sa détention du capital.

Hors cela point de salut !

La conception qui domine le monde entrepreneurial est simple : l'actionnaire est légitime pour contrôler l'entreprise car c'est lui qui dispose de la valeur qui restera dans l'entreprise une fois qu'auront été rémunérées, par convention, les autres parties prenantes : les salariés, les fournisseurs, la collectivité... Il a un intérêt personnel à maximiser la valeur de l'entreprise.

Lui conférer le contrôle est donc efficace car il agira dans le sens de la maximisation de la valeur, et au bout du compte dans l'intérêt de toutes les parties prenantes qui profiteront de la valeur créée. La loi de la valeur actionnariale est donc optimale pour tous. CQFD.

La position de monopole de cette conception est dangereuse. Il faut la combattre résolument. Elle conduit à la crise financière actuelle, et aux grands déséquilibres structurels de notre planète qui s'appellent pauvreté et réchauffement climatique.

Ce sont des conceptions qui s'affrontent. Et derrière les concepts et les doctrines, ce sont des modes opératoires, normes comptables, indicateurs de notation, outils de reporting, qui conditionnent l'économie réelle.

La démocratie économique pose la question de la juste représentation des réalités économiques et entrepreneuriales. Nous sommes les avocats d'une pluralité de formes d'organisations, et non de la suprématie d'une forme sur les autres.

La logique actionnariale doit continuer à exister de manière significative, mais non exclusive. Car il existe aussi de nombreuses organisations entrepreneuriales de marché qui démontrent dans les faits la possibilité d'autres logiques que la seule valeur actionnariale. Les sociétés de personnes ou les entreprises sociales par exemple. Ces entreprises font la distinction fondamentale entre *marchand* et *lucratif*. Elles savent répondre à des besoins réels de la société par une offre marchande, sans rechercher pour autant l'enrichissement personnel ou une rémunération excessive du capital investi.

Il faut mener une bataille du sens, résister à la pensée unique, défendre une économie plurielle.

La résistance intellectuelle que nous appelons de nos vœux devrait être en bonne part une résistance européenne, la défense d'une vision humaniste, partenariale, de l'économie. L'esprit de l'humanisme européen, si magnifiquement décrit par Stefan Zweig dans *Souvenirs d'un Européen*, pourrait s'incarner dans l'idée de démocratie économique. Les pays émergents ont d'autres chats à fouetter. Les Etats-Unis ne sont pas de cette culture.

*Trois dynamiques
de régulations entrepreneuriales*

Dans cette économie plurielle, trois courants de régulation entrepreneuriale, distincts mais qui pourraient être convergents, sont à distinguer.

Le premier, historique, est celui des <u>sociétés de personnes</u>, regroupées en France sous le nom d'« économie sociale ». L'économie sociale n'est pas une économie du capital, mais une économie des personnes. Elle établit une claire différence entre marchand et lucratif. Ces entreprises ne sont pas mues par la création de valeur pour l'actionnaire.

Leurs principes fondateurs et leurs formes juridiques sont d'une réelle actualité et modernité au regard des enjeux que la crise donne à voir : les intérêts du capital sont limités en droit, fixant ainsi une borne à la lucrativité ; les excédents sont mis en réserve, privilégiant ainsi le réinvestissement dans l'économie réelle ; les réserves sont impartageables, constituant ainsi un patrimoine commun et durable ; la gouvernance répond au principe une personne-une voix, introduisant ainsi la démocratie dans l'entreprise.

Au courant historique des sociétés de personnes, qui doit être revisité dans ses pratiques et prolongé dans son projet, s'ajoutent deux courants récents qui contribuent à remettre en cause la sacro-sainte logique capitaliste de la création de valeur pour l'actionnaire.

Le courant de la RSE (responsabilité sociale des entreprises), qui vise à ce que l'entreprise rende compte des relations qu'elle entretient avec l'ensemble de ses parties prenantes, les salariés, les clients, les fournisseurs, la communauté (les stakeholders) et pas seulement avec ses actionnaires (shareholders).

Mesurer les impacts sociaux et environnementaux de l'entreprise contribue à sortir de la logique unique du retour financier sur investissement. Naturellement la RSE n'est pas, elle non plus, exempte d'ambiguïtés et de contradictions, notamment du fait qu'*in fine* ce sont les actionnaires qui gardent le pouvoir de décision et que l'écart entre les discours et les actes est parfois important. Mais la RSE introduit des approches plus partenariales, plus coopératives. Il n'y a qu'à lire par exemple le rapport annuel d'activité du Groupe Lafarge qui donne largement et librement la parole aux ONG pour commenter les chiffres et la politique du Groupe.

Enfin un courant plus récent, celui de l'<u>entrepreneuriat social</u>, rassemble des entreprises à finalité sociale ou sociétale et à lucrativité limitée (profits réinvestis, rémunération limitée du capital, encadrement de l'échelle des salaires). Ici on utilise la forme entrepreneuriale, sa capacité d'initiative et de risque, son optimisation des moyens, son efficacité, pour apporter des réponses à des enjeux d'intérêt général que le marché ou la puissance publique seuls ne savent pas traiter.

Se sont ainsi créées en France depuis trente ans, des entreprises d'insertion dont la finalité, en vendant des produits et services sur les marchés, n'est pas de dégager des résultats, mais d'insérer des chômeurs. Les Jardins de Cocagne fournissent du travail à des personnes en difficulté et vendent à prix raisonnables des paniers de produits bio. Ailleurs au Sud, le Prix Nobel Muhammad Yunus, fondateur de la Grameen Bank au Bangladesh, a lancé le social business en créant avec Danone une entreprise de fabrication de yaourts, dont la finalité n'est pas le profit, mais le recul de la famine au Bangladesh.

Ces trois formes de régulation entrepreneuriale diffèrent, mais aussi convergent, car elles constituent des contributions complémentaires à la démocratisation de l'économie, des traductions concrètes de trois principes de démocratie économique présentés dans les chapitres suivants.

Les sociétés de personnes donnent (et répartissent) le pouvoir aux acteurs concernés par l'activité de l'entreprise, et inscrivent cette règle dans la « constitution » que sont leurs statuts.

Les entreprises sociales, par leur finalité d'intérêt général, incluent positivement dans le jeu économique des personnes qui en ont été exclues (emploi, consommation, logement, crédit…).

Les entreprises authentiquement socialement responsables ont à cœur d'évaluer et de rendre compte de leurs impacts sur la société et ce faisant modifient l'influence que la société peut avoir sur elles.

L'enjeu de la démocratisation de l'économie consiste à établir entre ces trois courants des fertilisations croisées, des convergences ponctuelles ou structurelles qui modifient le paysage en le reboisant autrement !

Le temps des utopies maîtrisées

Les entrepreneurs de ces trois courants partagent en effet souvent une part de culture commune reposant sur la valorisation de l'initiative et du risque, le respect de modèle économique de marché (relations avec des clients, équilibre des charges et des produits), la prise en compte des parties prenantes, le fonctionnement en réseau. Ils aiment l'entreprise dans ce qu'elle offre de liberté, mais ne se satisfont pas de la logique réductrice du profit.

Ils font des hommes un but et non un moyen.

Ces trois courants sont confrontés à la gestion des tensions entre les valeurs affichées autour du mot « social » et la réalité des pratiques de l'entreprise.

Comment l'entreprise socialement responsable gère-t-elle les délocalisations ? Comment l'entreprise dite d'économie sociale fait-elle vivre sa démocratie interne, son principe une personne-une voix ? Comment les entreprises sociales traitent-elles les exclus qu'elles embauchent ? Comment mesurer, évaluer, rendre compte de la réalité lorsqu'on écrit le mot social ou sociétal à son fronton ? Comment élaborer des indicateurs pertinents, informer, rendre transparent et enfin sanctionner le non-respect de ce qui est affiché ?

Ces entrepreneurs sont des alpinistes de crête qui maintiennent l'équilibre entre modèle économique « rentable » et utilité sociale. Ils avancent en s'efforçant de ne tomber ni du côté de l'abandon des valeurs, ni du côté de l'abandon de la contrainte économique.

Ces trois courants, s'ils établissent entre eux des partenariats d'idées, de projets, de moyens, sont susceptibles d'apporter la preuve, par l'exemple, que l'économie peut être davantage au service de l'homme et de la planète qu'elle ne l'est aujourd'hui.

Ces alliances, concrètes, pragmatiques, évaluables, se fondent aussi sur un état d'esprit en contradiction avec les postures idéologiques des trente dernières années. Une culture positive du partenariat centré sur la recherche de solutions innovantes et l'obtention de résultats. Une éthique de l'action qui conjugue la recherche d'un autre modèle de développement et le passage à l'acte entrepreneurial. La concrétisation des utopies. *« Ils ne savaient pas que c'était impossible, alors ils l'ont fait »*, cette provocation de Mark Twain résume cet état d'esprit.

La culture partenariale des nouvelles alliances reste à conquérir. Les pionniers qui s'y lancent sont souvent montrés du doigt par les gardiens des temples. Travailler avec l'autre, c'est passer à l'ennemi. Faire le compromis de la confrontation au réel de la diversité, c'est tutoyer la compromission.

Etre contre, solitaire et ferme dans le refus, voilà la pureté française. Changer le monde d'aujourd'hui implique une autre culture. Celle du REV du philosophe Patrick Viveret : Résistance, Expérimentation, Vision[1].

Nous résistons ainsi à la financiarisation de l'économie, mais cette résistance est un moyen au service d'une économie soutenable, équitable, utile. Nous résistons à l'hyperperformance concurrentielle de l'ultralibéralisme, mais cette résistance est un moyen

---

1. « Ces trois éléments du trépied sont inséparables. Une résistance sans perspective et sans expérimentation devient une simple révolte souvent désespérée et désespérante. Une vision transformative sans résistance et sans expérimentation devient un simple horizon idéal sans traduction incarnée. Une expérimentation coupée de la résistance créative et de la vision transformative devient une soupape de sécurité ou une caution du système dominant sans capacité à le transformer (…). » Patrick Viveret, *La Crise, le Labo, le Sol*, juillet 2010, texte disponible sur www.lelabo-ess.org

au service d'une finalité d'entreprendre autrement. Nous résistons à l'arbitraire actionnarial, mais c'est un moyen au service d'une finalité d'entreprises démocratiques.

Il ne s'agit pas là du vieux débat entre réformisme et radicalité. Car comme existent un bon et un mauvais cholestérol, existent aussi une bonne et une mauvaise radicalité.

La bonne radicalité s'attaque à la racine des problèmes plus qu'à leurs symptômes. Par exemple au déficit démocratique du capitalisme actuel. Une radicalité stricte sur les convictions, mais pragmatique dans les moyens. Une radicalité qui s'impose de mettre en pratique ses principes, pas seulement dans la fonction tribunitienne, mais aussi dans la fonction de vendre, produire, gérer. Une radicalité qui se réclame d'une culture du concret, de l'efficacité, du résultat. Cette radicalité-là est nécessaire pour démocratiser l'économie.

Il est temps de faire reculer les excès du capitalisme par le langage de la preuve et par la contagion. Ne nous contentons plus des anathèmes, plongeons les mains dans le cambouis des projets partagés. Faisons tomber les murs des citadelles de défiance. Construisons de nouvelles alliances pour démocratiser et humaniser l'économie.

L'heure est aux utopies maîtrisées.

ASSOCIER LES CITOYENS
AUX DÉCISIONS ÉCONOMIQUES
QUI LES CONCERNENT :
le renouveau des sociétés
de personnes

Le premier principe de démocratie économique que nous défendons affirme que les citoyens doivent être associés aux décisions économiques qui les concernent, à proportion de leurs intérêts en jeu[1]. Cela implique de faire entrer le citoyen dans la préparation et l'application de la décision économique. De transformer le salarié-producteur, le consommateur, l'épargnant, en citoyens ayant des droits et des devoirs, dans les choix qui les impliquent personnellement.

Cela signifie par exemple qu'on ne peut pas fermer ou délocaliser une usine sans en débattre avec ses salariés et leurs représentants (voire avec la collectivité

_____

1. Ce premier principe s'inspire des travaux de Marc Fleurbaey. *Capitalisme ou démocratie, l'alternative du XXIᵉ siècle*, Grasset, 2004.

locale quand son intérêt direct est menacé, c'est le cas par exemple quand l'entreprise représente une part significative du bassin d'emploi), quand bien même cette fermeture est voulue par les actionnaires.

La démocratie économique recherche d'autres formes de gouvernance des choix économiques, un processus d'inversion de la pyramide, qui donne un pouvoir d'implication et de contrôle à sa base. Ce processus de démocratisation de la production, de la distribution, de l'investissement, des flux financiers au service des personnes concernées, nous l'appliquons prioritairement à deux espaces économiques : celui des politiques publiques socio-économiques et celui de l'entreprise, qui concerne plus particulièrement notre ouvrage.

Démocratiser la gouvernance de l'entreprise

Ce premier principe de démocratie économique amène à remettre en cause le droit exclusif des actionnaires de l'entreprise sur le choix des dirigeants, leur rémunération, l'affectation des résultats, la définition des orientations stratégiques. Il implique de reconnaître la légitimité d'autres parties prenantes de l'entreprise à demander des comptes et à participer à l'élaboration, la mise en œuvre et le contrôle de la décision.

Il ne s'agit pas de décréter la démocratie économique d'en haut et par la loi. Il ne s'agit pas de définir un mode de gouvernance unique qui s'appliquerait à l'ensemble des entreprises, quels que soient leur taille, leur forme juridique, leur type patrimonial.

Ce qui nous intéresse ici c'est un « processus » de démocratie, diversifié, impliquant, à géométrie variable, les dirigeants d'entreprises, les représentants du personnel, les consommateurs, les épargnants, les pouvoirs publics, avec ce dessein commun de donner du pouvoir – donc de la responsabilité – au citoyen.

De nombreuses pistes peuvent être mises en avant pour faire vivre ce principe démocratique dans l'entreprise, comme par exemple la présence d'administrateurs salariés au sein des conseils d'administration des entreprises ou encore « l'activisme actionnarial », c'est-à-dire la manière dont des actionnaires minoritaires se mobilisent en assemblée générale pour s'opposer ou insérer des résolutions, socialement ou environnementalement plus responsables.

La piste que nous allons plus particulièrement détailler dans cette partie est celle du développement des sociétés de personnes, entreprises qui regroupent des personnes voulant entreprendre ensemble et se donnant les moyens dont elles ont besoin. Leurs statuts reposent sur le droit des personnes et non du capital. Elles expérimentent des formes d'organisation démocratique fondées sur le principe une personne-une voix.

La logique de gouvernance des sociétés de personnes ne repose pas sur le capital, sur sa concentration, sur le retour sur investissement financier. L'argent n'est pas leur fin mais leur moyen. Leur finalité est la réponse à des besoins réels.

En France, elles prennent les statuts de coopératives, mutuelles et associations, regroupées depuis trente ans sous le terme d'« économie sociale ». Notre ambition n'est pas ici de les traiter de manière exhaustive, de nombreux ouvrages le font déjà[1], mais plutôt d'étudier comment elles traduisent concrètement le premier principe de démocratie économique.

Modernité des sociétés de personnes

Les sociétés de personnes, diverses dans leurs réalités, partagent certains fondamentaux communs.

La liberté d'adhésion d'abord. L'histoire du XXe siècle aura été marquée par l'antagonisme libéralisme/collectivisme. Sortons-en pour le XXIe siècle. Le monde que nous voulons est un monde qui reconnaisse la pleine liberté à l'individu, mais en le considérant comme une personne responsable, reliée aux autres personnes. Dans une « société de personnes », j'entre et je sors quand je veux. Nul système de contrainte. Nul système liberticide. La liberté individuelle se réconcilie avec la mutualisation.

De plus, pour elles, le capital est un moyen et non une fin. Le caractère limité de la rémunération du capital inscrit dans les statuts des sociétés de personnes est un frein à l'approche spéculative et un facteur d'ancrage dans l'économie réelle et le long terme.

----

1. Voir par exemple les ouvrages de Jean-François Draperi et de Thierry Jeantet.

L'essentiel des excédents doit être mis en réserve et ces réserves sont impartageables. Faire en sorte que l'activité d'entreprendre l'emporte sur celle de spéculer, dirions-nous à partir de Keynes.

C'est là le fondement même, éthique et juridique, des sociétés de personnes. Ce principe apporte des réponses concrètes à ce que la crise financière a pointé : excès d'esprit de lucre, primauté du court terme, économie spéculative…

Les sociétés de personnes, parce qu'elles constituent des réserves impartageables, ont une dimension intergénérationnelle, et rencontrent la préoccupation du développement durable.

Les sociétés de personnes n'ont cessé de créer des emplois. En 2008 les coopératives, mutuelles et associations employaient 2 243 000 salariés, soit 12 % de l'emploi du secteur privé. Entre 2000 et 2008, l'emploi dans ces sociétés a progressé de 17 % avec 328 000 emplois supplémentaires, à un rythme bien supérieur à la moyenne du secteur privé.

Ce rapport des sociétés de personnes à l'emploi est largement lié à leurs spécificités. Parce que ce sont des groupements de personnes, l'emploi n'y est pas qu'une variable d'ajustement. Les comparaisons entre sociétés de capitaux et sociétés de personnes le montrent. Les banques coopératives décentralisées ont davantage maintenu et créé d'emploi local que les grands réseaux nationaux ou internationaux, du fait de leur ancrage territorial.

Dernière caractéristique commune : la « double qualité » acteur/bénéficiaire. Dans une Scop (Société coopérative et participative) par exemple, je suis à la fois salarié et associé, selon le principe démocratique associé « une personne-une voix », cœur démocratique des sociétés de personnes. Le pouvoir n'est pas fonction du capital mais des personnes, sociétaires ou associées.

Dans ces laboratoires, s'inventent en effet depuis le XIXe siècle, avec des succès et des échecs, des voies démocratiques qui permettent à « l'homo economicus » de ne pas être simple salarié, consommateur ou épargnant, mais d'être aussi une partie prenante active, associée aux décisions qui le concernent, à proportion de son intérêt en jeu.

Des entreprises au service des personnes,
des personnes acteurs de l'entreprise

Cette vocation se manifeste dès la naissance des sociétés de personnes, à la moitié du XIXe siècle en Europe. En France, en Angleterre, en Allemagne, s'inventent alors de nouvelles façons de s'associer pour travailler, consommer, accéder au crédit. Ces groupements innovants se positionnent d'emblée dans un mouvement de résistance aux excès ou aux insuffisances du capitalisme, de réappropriation de l'espace économique par les citoyens, idée qui n'a pas pris une ride un siècle plus tard.

La France invente les associations ouvrières qui deviendront les coopératives de production. Buchez en 1866 résume le projet : *« Dans l'association que je propose, les hommes associent leur travail et non leurs capitaux. C'est un contrat par lequel les hommes prennent un double engagement de constituer un capital commun qui est leur instrument de travail, qui sera inaliénable et croîtra à l'aide de prélèvements annuels sur les bénéfices ; d'unir leurs efforts pour faire valoir ce travail sous la direction d'une gérance nommée par eux dans l'intérêt de tous. »*

En Angleterre, dans la seconde moitié du XIXᵉ siècle, la Société des équitables pionniers de Rochdale invente les premières coopératives dans le secteur de la consommation. Les tisserands anglais veulent améliorer les conditions domestiques et sociales de leurs membres, au moyen de l'épargne. Ils inventent et fixent les premières règles coopératives : *« vente au prix de marché, excédent attribué sous forme de ristournes, double qualité du sociétaire à la fois associé et consommateur, principes démocratiques et égalitaristes un homme-une voix, neutralité politique, distribution d'une partie des bénéfices aux œuvres sociales et au logement ».*

Enfin, en Allemagne, naissent les coopératives de crédit. D'abord à l'initiative de Hermann Schulze-Delitzsch qui crée en 1850 le premier crédit populaire pour les artisans et commerçants afin de leur permettre de financer leurs investissements en ayant recours à l'épargne locale, les services bancaires étant alors inaccessibles pour les petits entrepreneurs.

Raiffeisen poursuivra alors en développant des caisses de crédit mutuel, destinées notamment aux agriculteurs. Les caisses de crédit mutuel reposent sur les principes de solidarité des membres, la rémunération limitée du capital et le bénévolat des administrateurs.

Ce modèle se diffuse rapidement en France avec la création du Crédit mutuel et des Banques populaires. On dirait aujourd'hui que les banques coopératives sont nées d'un refus de l'exclusion bancaire. Puisqu'on nous refuse le crédit, créons notre propre banque.

La naissance des sociétés de personnes est donc marquée par une volonté d'élargir les droits, d'avoir une « voix » qui compte, de prendre ses affaires en main, de mutualiser des moyens, de privilégier les personnes sur le capital. Bref d'être un acteur économique responsable.

Cela reste vrai aujourd'hui. Dans les Scop, sociétés coopératives de production, ceux qui décident sont ceux qui travaillent. Ces entreprises appartiennent majoritairement aux salariés qui prennent ensemble les grandes décisions, selon le principe une personne-une voix : choix des dirigeants, orientations stratégiques, affectation des résultats.

Le salarié associé d'une Scop est à la fois acteur et bénéficiaire de l'entreprise. Un dirigeant de Scop rend compte devant une assemblée générale de salariés-associés : le premier réflexe n'est pas celui du plan de licenciement ; la question du maintien ou non de l'emploi sera abordé de manière radicalement différente par rapport à une société de capitaux où l'intérêt de l'actionnaire peut être contraire à celui du salarié.

La double qualité est un facteur de responsabilisation et de partage de la décision. Elle permet de limiter « l'asymétrie de l'information ».

Dans les périodes de crise, les associés limitent temporairement les salaires pour préserver l'emploi. Les budgets formation sont nettement supérieurs dans les

Scop que dans les PME des mêmes secteurs, permettant une meilleure adaptation de la main-d'œuvre. C'est la raison pour laquelle les Scop sont de plus en plus sollicitées pour reprendre des entreprises lorsque le fondateur part à la retraite.

Les Scop sont en plein développement (près de 2 000 en France) et créent chaque année en moyenne 1 000 emplois. Parce qu'elles ne se vendent pas à des groupes, ne cherchent pas à tout prix de rentabilité à deux chiffres, elles maintiennent mieux l'emploi : entre 2003 et 2008 les effectifs ont augmenté de près de 14 %. Leur nouveau slogan résume bien le sujet : « La démocratie nous réunit. »

*

Une seconde logique démocratique est celle du « client-sociétaire ». C'est celle des banques coopératives, des mutuelles d'assurance, des coopératives de consommation… Ici le principe une personne-une voix s'applique à ceux qui utilisent le service ou achètent le produit et non à ceux qui le produisent.

Au Crédit coopératif, ce sont les 32 000 sociétaires personnes morales qui votent. Pas les salariés. Il en est de même à la Maif. Mais aussi à Terrena, coopérative agricole qui emploie 10 000 personnes : ce ne sont pas les salariés mais les agriculteurs qui votent. Les enjeux de la démocratie du client sont différents. D'abord ceux d'une démocratie de masse. La Macif par exemple rassemble 4,8 millions de sociétaires. Il n'est pas aisé de faire voter une telle masse, de donner accès à une information de plus en plus complexe pour voter en connaissance de cause.

Le sociétaire d'une mutuelle d'assurance est à la fois assureur et assuré. Le client-sociétaire de la banque est en même temps banquier. Il a donc une voix qui n'est pas qu'une voix lors de l'assemblée générale, mais il se fait entendre sur les prix et la qualité du service qu'on lui vend.

Au Crédit coopératif, il existe des Conseils d'agence et des Comités de région où les sociétaires viennent exprimer ce qu'ils attendent de la banque, font part de leurs critiques. Leur voix est entendue. Face aux 2 000 salariés, il y a aussi 450 bénévoles, immergés dans la société, qui constituent une organisation de consommateurs intégrée.

De même pour les mutuelles d'assurance. A la Macif, les sociétaires *via* leurs représentants sont impliqués sur le contenu des garanties et la fixation des prix. La tarification annuelle, les modifications des contrats IARD (Incendies, accidents et risques divers) relèvent du conseil d'administration des sociétaires. Les innovations produits viennent souvent de la voix des sociétaires eux-mêmes.

Les critères de performance ne sont pas d'abord le ROE (Return on equity) mais la satisfaction des sociétaires. C'est pourquoi la vente des contrats n'est pas individuellement rémunérée à la commission… L'indicateur de qualité, c'est le taux de résiliation à l'initiative des sociétaires. En 2007, le taux de résiliation à l'initiative des sociétaires était de 4 % chez les mutualistes Macif et Maif contre 14 à 17 % chez leurs concurrents capitalistes. A la Maif,

74 % des assurés deviennent « apôtres de la marque ». Pendant cinq années consécutives, la Maif a obtenu le 1er prix de la relation client en France. Ce n'est pas un hasard. Les tarifs sont meilleur marché et la confiance est là.

L'enjeu est bien celui-ci : transformer le client en sociétaire pour lui faire percevoir le sens du projet, les valeurs, et lui permettre de s'impliquer. La proximité caractérise les relations et contribue à une autorégulation. Le sociétariat est un facteur important de limitation des risques. Les coopératives financières le démontrent : les PME rassemblées dans une coopérative connaissent mieux que quiconque les marchés, et savent quand on peut ou non accorder une garantie à telle ou telle entreprise.

*

Le sociétariat favorise également les innovations sociales. Les banques coopératives ont joué un rôle déterminant pour inventer l'épargne solidaire ou pour soutenir le microcrédit. Ce n'est pas un hasard. De même pour ce qui est du financement des très petites entreprises, les TPE. France Active, les plateformes d'initiatives locales, l'Adie (Association pour le droit à l'initiative économique) sont d'abord financés et soutenus par les banques coopératives.

Il existe aussi d'autres logiques que nous ne développons pas ici : la démocratie associative, qui implique des bénévoles actifs et des adhérents engagés, les coopératives d'entrepreneurs, etc.

N'idéalisons tout de même pas ! Nous ne sommes pas au pays des merveilles démocratiques… Construite autour du principe de double qualité et de gouvernance « une personne-une voix », la gouvernance démocratique des sociétés de personnes est en effet appelée aujourd'hui à réinterroger à la fois la réalité de ses pratiques et son rapport aux différentes parties prenantes.

Démocratie réelle versus démocratie formelle

Reconnaissons d'abord que l'exercice du droit de vote et l'égalité théorique de droit entre les membres ne sont pas suffisants pour garantir une réelle démocratie économique au sein des sociétés de personnes. Il y a besoin de dynamiser cette démocratie, de la faire vivre pleinement, en donnant à tous les sociétaires l'envie et les moyens (formation, information) de s'impliquer concrètement dans la gouvernance de leur entreprise.

La réalité du pouvoir risque sinon d'être abandonnée à une « technostructure » cooptée, plus soucieuse de défendre ses intérêts propres que la vie démocratique de l'entreprise. Certaines associations 1901 sont devenues des « entreprises associatives », prestataires de services, au poids économique important (60 milliards de budget associatif consolidé en France dont 60 % sont des prestations vendues, 1,6 million de salariés). Le risque est de réduire la vie associative à la portion congrue, les managers prenant le pouvoir, parfois sans contrôle.

Parmi les tendances à considérer, l'émergence et l'essor d'un véritable « activisme sociétarial ». Dans les grandes mutuelles et coopératives, les sociétaires sont souvent isolés dans un rapport « culpabilisant » pour questionner ou critiquer les dirigeants élus. Pas facile de se lever lors d'une assemblée générale de sociétaires d'une banque coopérative et de critiquer la stratégie du dirigeant. Du coup la démocratie peut être passive et plus formelle que réelle.

Les problèmes considérables, rencontrés par les Banques populaires et les Caisses d'Epargne dans leur filiale commune Natixis, illustrent ce que pourrait devenir l'activisme sociétarial.

Les sociétaires ont été relativement passifs devant des problèmes aussi complexes à traiter que ceux de la Banque d'investissement et de financement (BFI) à une échelle mondiale, dans la tourmente des subprimes et des « actifs pourris ».

L'activisme sociétarial se concrétise par le regroupement de sociétaires pour faire entendre une voix plus argumentée, maîtrisant l'information économique, plus critique également, lors des assemblées générales, et pour exercer un contre-pouvoir utile.

Un mot sur la crise financière et les banques coopératives. Contrairement à ce qui a été dit parfois, ce ne sont pas les banques coopératives « de base » du système coopératif décentralisé qui ont été touchées (caisses régionales, banques régionales), mais bien les fonctions centralisées, en particulier les banques de financement et d'investissement comme Natixis, celles qui ont échappé au contrôle coopératif.

Les banques de base n'ont pas failli mais insuffisamment contrôlé leurs organismes centraux, qui ont développé des stratégies « hors sol ». Le mélange des genres avec la Bourse a aggravé le problème. Les deux foyers de perte des Banques populaires et Caisse d'Epargne ont été la salle des marchés logée dans l'organe central des Caisses d'Epargne (750 M€ en 2008) et la filiale commune Natixis cotée en Bourse (2,8 Md€ de pertes en 2008).

Le modèle coopératif ne s'est pas montré moins performant que le modèle commercial. Les organes centraux ont en fait pris des risques excessifs, causant les dérives qu'on connaît. Ce ne sont pas les principes coopératifs qui doivent être remis en cause, mais bien leur non-application.

L'enjeu est donc de revenir aux fondamentaux coopératifs et démocratiques. Et de renverser la pyramide : mettre l'organe central au service des banques coopératives de base ; dynamiser la démocratie de proximité des banques territoriales, en y renforçant le rôle et le pouvoir des sociétaires.

La tension entre démocratie réelle et formelle se révèle également dans la composition des conseils d'administration de nombreuses sociétés de personnes : peu de femmes, beaucoup d'hommes (blancs !), de plus de 50 ans, issus de formations et de parcours similaires... Osons la diversité ! Ces conseils d'administration doivent être plus représentatifs de la société : il faut les renouveler (limitation du cumul des mandats), les féminiser, les rajeunir et les ouvrir à la diversité de la population française : comment comprendre et prétendre démocratiser une société à laquelle on ne ressemble pas ?

Le second défi démocratique porte sur la limite du pouvoir confié à une seule catégorie de parties prenantes, de « stakeholders ». La démocratie des sociétés de personnes repose en effet sur un système de délégation d'une seule catégorie d'acteurs économiques : les salariés ont le pouvoir dans les Scop de production, les agriculteurs dans les coopératives agricoles, les associés dans les associations 1901, les sociétaires dans les mutuelles. Or dans le monde complexe où nous vivons, apparaît avec force le concept de « parties prenantes ».

Est-il équilibré que dans une coopérative agricole les salariés et les consommateurs finaux n'aient pratiquement pas voix au chapitre ? Est-il équilibré que dans une association 1901 de 1 000 salariés, par exemple dans l'aide à domicile, le handicap ou la sauvegarde de l'adolescence, les salariés n'aient pas plus de droits à la décision ? Est-il équilibré que dans une coopérative de commerçants, les salariés n'aient pas leur mot à dire sur la gestion et le développement de leur entreprise ? Dans une perspective de démocratie économique, la « double qualité » ne peut s'appliquer à certains et pas à d'autres. Cet « unisociétariat » peut déboucher d'une certaine façon sur une démocratie d'intérêts catégoriels.

Démocratiser l'économie, c'est sortir de la logique mono-catégorielle et aller plus loin que la notion de double qualité. Ne peut-on pas proposer des statuts juridiques de « sociétés de parties prenantes » ou

« sociétés de partenaires » ? Le pouvoir pourrait y être réparti entre salariés, usagers, apporteurs de fonds, fournisseurs, communauté. La création des sociétés coopératives d'intérêt collectif (Scic) en 2002 constitue une première réponse, mais reste limitée à des entreprises agréées par l'Etat et orientées vers l'intérêt général[1].

Les clients deviennent consomm'acteurs, favorisant des produits respectueux de leur santé, de leur environnement, des droits des enfants ou de l'homme. Les fournisseurs agissent pour une relation plus partenariale qui leur permette eux-mêmes de mieux respecter les droits de leurs salariés et leur environnement. Les salariés se préoccupent du sens du projet de leur entreprise. Les ONG et réseaux spécialisés exercent leur pression sociétale à travers les labels, des codes de bonne conduite. L'Etat et les organismes publics font pression pour le maintien de l'emploi, la contribution au développement économique local. Quant à l'opinion publique, elle se constitue en elle-même en stakeholders de pression.

C'est pourquoi nous nous intéressons à l'idée d'organiser une gouvernance multipartite au sein des entreprises. Les pressions « sociétales » émises par les stakeholders sur les entreprises contribueront à sa démocratisation.

---

1. La Scic a pour objet « *la production ou la fourniture, à des personnes physiques ou morales, de biens ou de services d'intérêt collectif qui présentent un caractère d'utilité sociale* ». Elle comporte au minimum trois types de sociétaires : des salariés, des bénéficiaires et un troisième type qui peut être la collectivité locale, des associations, des entreprises.

Au fond, le véritable enjeu de l'économie sociale c'est de mettre en conformité ses valeurs affichées, ses statuts et les pratiques réelles. Et d'en rendre compte avec des indicateurs appropriés.

L'économie sociale, une puissance économique mais un nain politique

Les caractéristiques des sociétés de personnes (et leur traduction dans des statuts) prennent toute leur pertinence dans le contexte de crise économique et financière. Ces formes entrepreneuriales différentes apportent de fait des réponses, partielles mais réelles, perfectibles mais concrètes, au besoin de nouvelles régulations de l'économie de marché.

Comment expliquer alors leur faible reconnaissance ? Ce paradoxe vaut qu'on s'y arrête. L'échec du collectivisme et les dérives du capitalisme devraient ouvrir un boulevard à cette « économie sociale ». Et pourtant non. Beaucoup de raisons à cela. Nous insistons sur deux d'entre elles, l'une externe, l'autre interne.

D'abord, la conception ultralibérale qui a prévalu ces deux dernières décennies s'est traduite par des attaques en règle contre les sociétés de personnes. Il ne faut pas les sous-estimer.

Ainsi en 2002, le Medef sortait-il un rapport[1] à

---

1. « Marché unique, acteurs pluriels : pour de nouvelles règles du jeu », Medef.

charge, d'une rare violence, contre l'économie sociale au nom de la sacro-sainte concurrence. « *Par ces principes les mots coopératives, mutuelles, associations sont perçus par une grande partie de l'opinion comme renvoyant à l'abus de profit et sont donc* a priori *sympathiques. Dans la pratique, c'est la répartition du profit qui est différente tandis que la technostructure impose son expertise aux bénévoles au détriment du fonctionnement démocratique... La création du lien social serait une caractéristique majeure de ces acteurs. C'est oublier que c'est la mutation des structures productives issues de progrès techniques et l'adaptation du marché qui ont fait émerger la notion de lien social.* » Sic. Fermez le ban.

Ainsi l'élaboration des normes comptables par l'IASB (International Accounting Standard Boards) a visé à comptabiliser les parts sociales, qui constituent le *capital social* des coopératives comme des instruments de dette. Bruxelles n'a eu de cesse aussi de combattre la règle une personne-une voix, pour lui substituer la règle une action-une voix, ou d'attaquer les banques coopératives dans leur organisation régionale, au nom de la fameuse « concurrence libre et non faussée »...

Face à ces attaques, la bataille idéologique a été un temps perdue et la défaite acceptée. L'esprit de résistance a manqué. L'économie sociale a confondu perdre une bataille et perdre la guerre. Et a souvent considéré qu'il valait mieux se banaliser.

Ce qui amène à la seconde raison expliquant le manque de reconnaissance actuel : il s'agit de la faible capacité des acteurs de l'économie sociale à se mobiliser ensemble, à porter une parole collective et offensive, à se faire entendre, à faire mouvement. C'est l'Etat qui, avec la création d'une délégation interministérielle au début des années 80, a obligé, par une approche « top-down », les sociétés de personnes à se fédérer – du coup de manière peut-être un peu artificielle.

Un bon indicateur du déficit d'unité, ce sont les faibles moyens alloués à leur organisation fédérative, le Ceges (Conseil des entreprises, employeurs et groupements de l'économie sociale). Avec 60 milliards d'euros de budget consolidé pour sa composante associative, 60 % de l'agro-alimentaire français, une grande partie de la banque et de l'assurance de ce pays, l'économie sociale n'a-t-elle vraiment pas les moyens de financer une structure de lobbying, de réflexion, de communication digne de ce nom ?

Ce n'est pas une question d'argent mais de volonté politique. Sans volonté politique unifiée et unifiante, l'économie sociale reste une balkanisation, un conglomérat. Au fond, l'Europe et l'économie sociale souffrent du même mal : celui d'être une puissance économique mais de rester un nain politique.

Les sociétés de personnes ne sont en fait ni la caricature ringarde qu'en font des acteurs économiques néolibéraux, ni la grande alternative au capitalisme que fantasment parfois certains promoteurs de l'économie sociale.

Elles constituent de véritables agents de démocratisation, sans pour autant être exemptes de faiblesses, de retards, ou de dévoiements sous l'effet du temps et de la concurrence. Si elles ne peuvent prétendre constituer un contre-projet global, aujourd'hui, elles sont néanmoins à même d'apporter leur pierre à de nouvelles régulations de l'économie.

Sortir du pré carré

Les trois défis que l'on vient d'exposer portent essentiellement sur la démocratie dans l'entreprise. Un autre enjeu essentiel est celui du rôle des sociétés de personnes par rapport à leur environnement extérieur, à la société.

Les pionniers de l'économie sociale étaient souvent animés par un véritable sentiment de refus de la fatalité, par une volonté de répondre à des besoins non satisfaits, de (re)mettre dans le jeu économique des personnes qui en étaient exclues. Cet esprit originel s'est souvent émoussé aujourd'hui dans nombre d'entreprises de l'économie sociale (à l'exception du monde associatif) au fur et à mesure de leur succès économique et de leur changement d'échelle.

Il existe un risque : une économie sociale qui ne défendrait plus que son pré carré et les intérêts des couches de population incluses et intégrées (leurs adhérents)…

L'exigence démocratique impose à l'économie sociale d'être un acteur engagé dans la (re)conquête des droits : droit à la santé, droit à une alimentation saine, droit au travail, droit au logement, droit au crédit… L'économie sociale doit contribuer à ce que les personnes qui sont en dehors de l'économie y reviennent pour bénéficier de leurs droits. Les banques coopératives peuvent ainsi être à la pointe contre l'exclusion bancaire.

L'économie sociale doit retrouver un goût de résistance à l'exclusion et l'inégalité, à partir duquel construire des réponses économiques et sociales qui aient un but simple : la dignité de l'homme, de *tous* les hommes.

Ce goût n'est pas perdu. Il se retrouve dans une dynamique entrepreneuriale très actuelle, apparue il y a une vingtaine d'années, celle de l'entrepreneuriat social.

FAIRE QUE CHACUN
SOIT ACTEUR DE L'ÉCONOMIE :
l'entrepreneuriat social,
pour une citoyenneté économique universelle

L'économie et le marché mènent le monde. Etre hors champ économique, ou dans ses marges, c'est être ou se sentir « inutile au monde », pour reprendre la belle expression du Polonais Geremek. Pour exercer un pouvoir sur l'économie, encore faut-il être dans la « cité économique », et non hors les murs, « barbare » en somme.

Permettre à tous et chacun d'être dans le jeu économique, d'y exercer ses droits, devoirs et pouvoirs, est un enjeu majeur : c'est notre second principe de démocratie économique. Allons plus loin : peut-on être citoyen politique et hors champ économique ? Participer à la vie économique c'est y concrétiser des droits, à travailler, à entreprendre, à consommer, à accéder au crédit…

Ce principe est particulièrement important à un moment où un sentiment d'impuissance individuelle et collective semble gangrener la société française et européenne : la montée des partis xénophobes et souverainistes aux élections européennes en constitue un symptôme inquiétant.

La crise financière, lointaine et incompréhensible, aggrave ce sentiment : les contraintes viennent d'ailleurs, le champ des possibles se restreint. Que puis-je faire face aux subprimes, aux décisions de M. Mittal, ou aux mouvements des masses monétaires chinoises ?

Ce sentiment peut conduire au fatalisme, au repli sur soi, au cocon familial ou tribal. Le mouvement de démocratisation économique est d'abord une résistance à ce fatalisme. Une revendication de pouvoir sur la chose économique.

Avec le souci de combattre l'inégalité dans la capacité à être vraiment acteur économique. Tout le monde ne peut choisir de devenir consomm'acteur, d'acheter plus cher du bio ou de l'équitable. De travailler dans une entreprise responsable. De transférer son épargne (quand on en a) vers des produits d'épargne solidaire. De participer à une association d'actionnaires pour peser sur les assemblées générales des grandes compagnies.

Une citoyenneté économique active pour une minorité aisée ou militante, une abstention économique pour la majorité : tout le contraire d'une véritable démocratie économique. C'est pourtant souvent la réalité d'aujourd'hui.

Un exemple éclairant est celui de la précarité énergétique. Le Grenelle de l'environnement s'est peu préoccupé de cohésion sociale. A la sortie, le risque est que les plus faibles ne puissent accéder aux produits et services verts, aux énergies nouvelles et renouvelables, aux économies d'énergie. Aux « bobos », la maison bien isolée, le toit photovoltaïque ou la voiture propre. Aux fragiles et précaires, la voiture polluante, les fenêtres mal ajustées, la facture énergétique la plus lourde. Apparaît une fracture environnementale, après la fracture numérique qui a creusé l'écart dans la capacité d'accès à Internet et aux services numériques, aux logiciels libres.

Donner à tous la capacité de maîtrise de ses actes économiques est une condition de la démocratie économique. Une tension vers l'égalité.

Résister et entreprendre

Dans l'après-guerre européen et pendant les Trente Glorieuses, il fut demandé à l'Etat providence d'agir par la redistribution. Croissance, ascenseur social, redistribution constituèrent le moteur du système. Dans la société de plein-emploi, les résistances, issues du XIXe siècle ouvrier, se focalisent sur l'exploitation du travail, sur son aliénation. Ce sont des résistances collectives. Les plus faibles se groupent pour défendre ou conquérir des droits.

Mais le passage d'une société de plein emploi à une société de chômage, puis d'exclusion a modifié les enjeux de la solidarité, les formes de la résistance et le rôle de l'Etat.

La société civile en a tiré les conséquences. Elle s'est alors mise en mouvement, pour résister et entreprendre, associations de chômeurs, circuits courts, institutions de microfinance, entreprises d'insertion, commerce équitable, coopératives sociales, épargne solidaire : un foisonnement immense d'initiatives s'est développé pour conjuguer autrement l'économie et la solidarité. Il ne s'agit plus seulement de redistribuer de la richesse, d'assister, mais de faire en sorte que chacun soit acteur, autonome, membre à part entière du système économique. Responsable. Les entrepreneurs sociaux, dans la multiplicité de leurs formes, de leurs références culturelles, de leur environnement émergent pour activer la solidarité et se battre souvent sur le terrain du marché lui-même.

En ce sens ces entrepreneurs sociaux sont les co-constructeurs d'une démocratie économique. Ils ne s'en remettent plus exclusivement à la puissance publique. Ils veulent faire eux-mêmes. Agir (économiquement) pour faire entrer en économie ceux qui n'y sont pas. Leur permettre de devenir à leur tour agents-acteurs économiques. Leurs références et leurs principes sont : résistance, initiative, entrepreneuriat.

En France, depuis la fin des années 80, dans un pays à forte culture étatiste, les courants d'entrepreneurs sociaux ont rencontré une tradition associative et d'économie sociale. Ils l'ont souvent dérangée, s'y sont parfois opposés, l'ont aussi rénovée.

Dans la diversité de cet « entreprendre autrement », deux sensibilités ont débouché sur des expériences, communément marquées par la résistance au chômage et le retour à l'emploi.

La première approche est celle d'un accompagnement des personnes en difficulté vers la création de leur propre activité par le microcrédit ou vers un retour individuel à l'emploi. La seconde est celle de nouveaux employeurs, les entrepreneurs d'insertion, qui veulent créer des emplois sur le marché, pour les proposer en priorité aux exclus, et leur offrir un sas pour revenir dans des entreprises classiques.

Des expériences qui renouvellent
le « modèle social français »

Les expériences de l'accompagnement individuel peuvent être illustrées (entre autres) par Jean-Baptiste de Foucauld, créateur de Solidarités nouvelles face au chômage (SNC) ou par Maria Nowak, créatrice de l'Association pour le droit à l'initiative economique. Deux figures engagées dans le droit à la dignité économique, à l'emploi, à la responsabilité. Deux figures qui « secouent » le modèle social français. Dérangent le service public de l'emploi. Jean-Baptiste de Foucauld refuse l'argent de l'Etat pour son association, il compte sur ses adhérents-citoyens. Maria Nowak prétend faire des Rmistes des créateurs d'entreprises en leur prêtant de l'argent, avec un taux d'intérêt conséquent, afin d'assurer l'équilibre du modèle économique.

Solidarités nouvelles face au chômage est créée en 1985. L'idée est simple : chaque chômeur qui en fait la demande est accompagné par un couple de bénévoles qui lui apportent un soutien méthodologique et moral. Ce que l'Etat ne sait pas faire, l'associatif-citoyen le fait, par l'écoute, la présence, la réciprocité. Il s'agit d'accompagner sans assister : aider à remplir des formulaires, à retrouver un logement, à rédiger et envoyer son curriculum-vitae, à aller aux entretiens d'embauche...

Par ailleurs un réseau de donateurs finance la création d'emploi à durée déterminée, dans des associations, afin de remettre en selle les exclus. En 2010, 100 groupes locaux de solidarité réunissent 1 200 bénévoles, accompagnent 2 000 chômeurs et créent 100 emplois solidaires financés grâce à 2 000 donateurs. Il y a au fond presque une sensibilité « personnaliste » ici. Des personnes accompagnent d'autres personnes. Chacun se découvre et s'enrichit mutuellement, se coresponsabilise. Jean-Baptiste de Foucauld se définit comme un entrepreneur civique : *« On peut sensibiliser les citoyens contre le chômage. Les chômeurs ont besoin d'écoute, d'expression, de relation. Si l'emploi ne règle pas tout, le chômage dérègle tout. »*

Ce n'est pas un hasard si en 1989 Maria Nowak qui a travaillé à la Banque mondiale, qui a observé la Grameen Bank du Bangladesh créée par Muhammad Yunus (alors inconnu), vient trouver Jean-Baptiste de Foucauld pour lui demander conseil sur la façon de créer une institution de microcrédit en France et s'il accepterait de la présider. Jean-Baptiste de Foucauld répond : *« Faites-le vous-même ; vous êtes la mieux placée ; lancez votre propre organisation. »* Quelle meilleure incitation à devenir entrepreneur de son idée !

Maria Nowak crée alors l'Association pour le droit à l'initiative économique (Adie), afin d'implanter le microcrédit en France et d'aider les personnes exclues du marché du travail et du système bancaire à créer leur propre emploi, leur activité. Comme Foucauld, Maria Nowak refuse l'assistanat. Comme lui, elle mobilise des bénévoles sur son projet.

L'action de l'Adie repose également et d'abord sur un accompagnement des créateurs d'entreprises. Leur redonner confiance. Faciliter leurs démarches. Le nom même de l'association donne la direction d'une certaine citoyenneté économique : promouvoir *« le droit à l'initiative économique »*. Que celui qui veut se mettre à son compte, plutôt que de rester chômeur, puisse réaliser son projet, s'il est valable, sans être bloqué par l'incapacité d'accéder à un prêt bancaire.

Vingt ans après, l'Adie distribue 15 000 microcrédits accompagnés par an, grâce à 300 permanents et 1 000 bénévoles. 95 % des personnes financées par l'Adie sont demandeurs d'emploi. Parmi eux, 60 % de bénéficiaires des minima sociaux. Faire crédit, c'est faire confiance : les prêts sont remboursés à 93 %. Depuis la création de l'association, 35 000 entreprises ont été créées, générant plus de 42 000 emplois.

Nowak comme Yunus sont des entrepreneurs sociaux qui misent d'abord sur la responsabilité individuelle. C'est leur force et leur limite. C'est pourquoi nous défendons aussi, à côté de ces initiatives, des démarches plus collectives, celles des coopératives d'activité et d'emploi (CAE) qui conjuguent autrement l'individuel et le collectif[1].

____

1. Voir p. 21.

*Des entreprises collectives
dont l'objectif est social et le moyen économique*

A peu près au même moment, au milieu des années 80, des travailleurs sociaux, mesurant l'impuissance de l'action sociale à traiter le chômage, décident de passer à l'acte. Passer du traitement social du chômage au traitement économique du social. *« Puisque nos exclus ne peuvent accéder à l'emploi, on va les leur créer nous-mêmes. Soyons employeurs. Soyons entrepreneurs. »*

A la différence du courant précédent, et notamment du microcrédit, le but n'est pas que chacun se mette à son compte. Il s'agit plutôt de créer des entreprises collectives dont l'objectif est social et le moyen économique. Il s'agit de créer des lieux où les exclus puissent apprendre ou réapprendre le travail dans un cadre approprié. Une génération d'entrepreneurs d'insertion naît : P. Choux et Danière avec ID'EES, A. Dupon avec Vitamine T, F. Marty avec Chênelet, P. Grosset avec Jura Tri. Et Claude Alphandéry pour les financer crée, avec la Caisse des Dépôts, France Active.

J.G. Henckel est un exemple. Cet éducateur, exténué par la montée de l'exclusion, décide en 1991 de s'engager dans un projet innovant : Jardins de Cocagne. Comment réinsérer les publics auxquels on colle l'étiquette scandaleuse d'inemployables (autant dire inutiles à la société) parce qu'ils ont passé trop de temps dans la rue ou en prison ? Le maraîchage biologique lui paraît la réponse : faire pousser des légumes bio est valorisant. Jardins de Cocagne vend des légumes à des « consomm'acteurs » qui s'abonnent pour acheter un panier bio hebdomadaire.

Aujourd'hui il existe plus de 100 Jardins et au moins 20 en projets. Henckel reçoit 5 demandes par jour. Chaque Jardin représente 3,3 ha de terrain, 450 000 euros de budget, 190 adhérents. Chaque panier coûte 12 euros. Les résultats sont au rendez-vous : 550 permanents, 17 000 familles bénéficiaires, 3 000 jardiniers en insertion, 1 000 bénévoles.

En vingt ans, ces entrepreneurs dont le but est social et le moyen économique, ont constitué un « secteur », celui des SIAE (structures d'insertion par l'activité économique) : les associations intermédiaires (828 AI), les entreprises d'insertion (887 EI), les ateliers et chantiers d'insertion (3 006 ACI), les groupements d'employeurs pour l'insertion et la qualification (118 GEIQ), les régies de quartier (133 RQ), chacune s'adressant à un public différent, avec des modalités diverses, mais une même utopie chevillée au corps : personne n'est inemployable !

SNC, l'Adie, les CAE, les SIAE ne constituent pas un ensemble homogène, bien que ces entrepreneurs sociaux se soient pour la plupart retrouvés derrière le mot d'« économie solidaire ». Les visions sont parfois antinomiques. Maria Nowak défend mordicus les auto-entrepreneurs. Elle est convaincue que, pour peu qu'il puisse accéder à un prêt, chacun peut créer son activité et son revenu. Elle est prête pour cela à remettre en cause le taux de l'usure. Qu'importe de prêter à 15 % si cela permet à quelqu'un de créer son entreprise et de rembourser le prêt ! France Active défend une vision plus salariale et collective de l'emploi, ainsi qu'une bancarisation des créateurs à travers un système de garantie et un soutien de la puissance publique.

Entre l'Adie et France Active, ce sont deux conceptions différentes de l'entrepreneuriat qui s'opposent et s'affrontent parfois. Les deux formules ont leur logique. Aucune ne doit prétendre à l'exclusivité ou à l'hégémonie. Pas de remède miracle mais un mix de solutions.

Dans cette pluralité, il y a des lignes de force communes : la nécessité d'innover, l'activation des dépenses publiques passives, la reconnaissance des entrepreneurs, l'accompagnement individuel ou collectif des personnes fragiles, l'engagement citoyen de bénévoles, l'acceptation des règles du marché... Et cette idée commune : « *Le meilleur moyen de tuer un homme, c'est de le payer à ne rien faire.* » Peu à peu l'entrepreneuriat social s'est élargi à d'autres sphères que l'insertion. Il s'est développé dans le commerce équitable, les nouvelles énergies, les produits bio, la consommation responsable, les logiciels libres, la santé, la culture...

Michel Adam[1], infatigable entrepreneur social, résume le foisonnement entrepreneurial où nous sommes avec sa formule : entreprendre pour moi, pour nous, pour eux.

Entreprendre pour soi, ce sont les créateurs d'entreprises qui veulent créer leur propre emploi

---

1. *Réinventer l'Entrepreneuriat, Pour soi, pour nous, pour eux.* Préface de Claude Alphandéry, L'Harmattan, 2009.

ou constituer leur patrimoine. *Entreprendre pour nous*, c'est la tradition de l'économie coopérative et mutualiste, c'est organiser la solidarité au sein d'un groupe. Enfin, *entreprendre pour eux*, ce sont les sociaux-entrepreneurs. Ils entreprennent « pour » et souvent « avec » les exclus, les pauvres, les fragiles, les sans-droits. Ils « détournent » ce qui est devenu la première cellule sociale des économies de marché – l'entreprise – pour produire des externalités positives ; là où l'entreprise capitaliste concurrentielle peut exclure, ils se fixent l'objectif inverse : inclure ou réinclure. Entre les trois, des différences fortes, mais aussi des passerelles à créer, pour converger.

L'entrepreneuriat social, un phénomène mondial

D'autant plus que l'entrepreneuriat social se trouve représenté, de manière diverse il est vrai, aux quatre coins du monde. Les Français qui aiment tant discuter de concepts hexagonaux pour ensuite les exporter (puisque nous avons vocation à l'universalisme !), doivent prendre conscience de la dimension mondiale de l'entrepreneuriat social.

Schématiquement, on peut repérer trois courants face à la mondialisation et à la financiarisation de l'économie.

Le courant le plus ancien est le courant européen, en particulier le courant méditerranéen, avec l'économie sociale et solidaire. Il s'appuie sur la tradition historique des associations, des coopératives et des mutuelles[1].

Ce courant s'appuie sur des statuts de sociétés de personnes, sur des partenariats avec les pouvoirs publics, locaux ou nationaux et développe de nouvelles formes entrepreneuriales pour lutter contre le chômage ou rénover les services publics en crise.

L'Italie met l'accent sur la coopérative sociale, l'Angleterre davantage sur une culture entrepreneuriale de 3e secteur entre Etat et marché. Au Royaume-Uni, il existe 55 000 entreprises sociales, représentant un chiffre d'affaires de 27 milliards de livres. Le Premier ministre pilote un « Office of Third Sector » (OTS) qui investit 500 millions de livres entre 2008 et 2011. Les entreprises sociales se sont regroupées au sein de la Social Enterprise Coalition (SEC) qui est le principal interlocuteur du gouvernement avec 10 000 entreprises fédérées.

Dans ce courant européen existe ce qui ressemble à une querelle des anciens (sociétés de personnes) et des modernes (entrepreneuriat social). Les premiers mettent l'accent sur les statuts, garants d'une propriété collective et démocratique (une personne-une voix) et d'une lucrativité limitée (excédents mis en réserve, réserves impartageables). Ils mettent en avant un entrepreneuriat collectif, tel celui des co-entrepreneurs des sociétés coopératives et participatives (Scop). Les seconds mettent l'accent sur deux points : le langage de la preuve d'abord (il ne suffit pas d'avoir des valeurs et des statuts : encore faut-il

----

1. Voir chapitre 2, p. 33 et suivantes.

que les pratiques soient au rendez-vous) et l'attention portée aux personnes fragiles ensuite (« entreprendre pour eux et avec eux »).

Nous défendons dans ce livre l'idée que ces deux courants appartiennent à un fonds culturel commun et doivent s'enrichir l'un l'autre pour contribuer à démocratiser l'économie. La querelle des anciens et des modernes n'a pas d'intérêt. Le premier résiste à la mainmise du capital sur l'économie en lui opposant la logique des sociétés de personnes. Le second résiste aux inégalités et aux exclusions. A quoi sert d'appliquer le principe une personne-une voix à 10 % de l'économie si, à côté, des millions de personnes sont en dehors de l'économie réelle de marché ? Ce moteur à deux temps des co-entrepreneurs et des sociaux-entrepreneurs peut avoir peu à peu un pouvoir d'influence et d'entraînement sur le reste de l'économie.

Le deuxième ruisseau qui alimente la rivière mondiale de l'entrepreneuriat social, c'est le courant nord-américain. C'est aux USA qu'est né le terme de « Social Entrepreneurship ». Bill Drayton, ancien ministre du Président Carter, crée Ashoka au début des années 80, pour accompagner des porteurs de projet à finalité sociale et à fort potentiel. Ashoka travaille dans le monde entier, en France à partir de 2005. La « Social enterprise initiative » est lancée en 1993 par la Harvard Business School, suivie par d'autres universités, Columbia, Yale et diverses fondations qui mettent sur pied des programmes de formation et de soutien aux entrepreneurs sociaux.

Le courant nord-américain de l'entrepreneuriat social est moins dans le marché que ne l'est l'économie sociale et solidaire européenne. Il remet peu en cause la gouvernance des sociétés de capitaux, mais cherche à passer des partenariats avec elles et s'appuie assez largement sur la philanthropie.

Nombre des missions sociales ou sociétales américaines sont remplies par des ONG communautaires et des fondations. Il y a aux USA 72 000 fondations, qui représentent un capital consolidé de 604 milliards de dollars et distribuent chaque année 43 milliards de dollars. Rien à voir avec la France qui compte 2 400 fondations.

Ce système philanthropique peut être critiqué au motif qu'il représente une forme de charité et de privatisation de l'intérêt général. Nous sommes évidemment opposés à une philanthropie qui se nourrirait de l'accroissement des inégalités. On ne peut qu'être critiques à l'égard de la gouvernance de la Fondation Gates qui décide en petit comité d'énormes programmes de santé publique. Mais il faut nuancer et éviter de jeter un anathème général sur la philanthropie. Il est une philanthropie utile lorsqu'elle permet des partenariats équilibrés entre les entreprises, les ONG, l'entrepreneuriat social.

Le troisième courant de l'entrepreneuriat social vient du Sud. De Muhammad Yunus, qui, après avoir créé la Grameen Bank, court aujourd'hui le monde pour défendre les « social businesses ». Après en avoir créé dans le domaine de la santé (Grameen Health Care Services), il s'est fait connaître en Europe par son accord avec Danone, en créant la joint-venture Grameen Danone Food.

Ce qui nous intéresse dans ce social business en devenir, c'est l'hypothèse qui le sous-tend. Celle d'une intégration économique qui s'oppose à l'assistanat. D'un détournement du marché pour lutter contre la pauvreté. D'un profit qui n'est pas une fin en soi mais un moyen au service de l'intérêt général.

Comment fonctionne le social business Grameen Danone ? Grameen Bank accorde du microcrédit pour acheter une ou deux vaches. Le producteur livre son lait à une unité de production de yaourts montée avec Danone. La production est adaptée au contexte bangladais, avec une petite unité, pas de chaîne de froid, des yaourts à qualité nutritionnelle spécifique, une distribution en circuit court. Pas de subvention ici. Le modèle économique repose sur l'objectif d'un yaourt vendu très peu cher, permettant un décollage du marché grâce à un nombre élevé de clients : les pauvres. L'hypothèse de Grameen Danone réussira-t-elle ? Ce n'est pas acquis. Comme dans tout risque entrepreneurial.

Les entreprises multinationales jouent aujourd'hui un rôle clé dans ce courant du social business. La théorie sous-jacente : celle du BOP, Bottom Of the Pyramid (en clair, les pauvres). L'Institut du mécénat social (IMS) les définit ainsi : « *La création d'entreprises ou le développement de programmes par des entreprises avec pour objectif de rendre accessibles biens et services de base (logement, énergie, nutrition, santé, éducation, épargne, crédit…) aux populations pauvres des pays en développement ou émergents.* »

Derrière le BOP, il y a d'abord un raisonnement économique : les groupes socio-économiques les plus pauvres sont les plus nombreux à l'échelle de la planète. En les conquérant, les entreprises pourraient atteindre de nouvelles clientèles représentant des chiffres impressionnants. Et, derrière le raisonnement économique, un raisonnement social, argumentant que grâce à la démarche BOP, les plus pauvres accéderaient (enfin !) à des produits et services de base pour se nourrir, se soigner, s'éduquer…

L'IMS cite les projets les plus avancés en la matière : Essilor qui distribue des lunettes correctives à moins de 5 euros dans les villages indiens ruraux. Les produits sont vendus dans des vans mobiles qui réalisent le diagnostic optique, fabriquent les lunettes et dépistent les troubles graves. GDF Suez travaille à l'électrification des bidonvilles au Maroc (Casablanca). 30 000 foyers ont été raccordés au réseau électrique pour un budget mensuel de 6 dollars par famille. Unilever a lancé en 2000 le sel Anapurna pour lutter contre la malnutrition au Ghana, en particulier les déficiences en iode. Les petits sachets sont vendus 0,06 dollar. Ce que fait Véolia en investissant au Bangladesh aux cotés de Muhammad Yunus pour favoriser l'accès à l'eau.

Ces démarches visant à sortir des centaines de milliers de personnes de la pauvreté sont innovantes. Au-delà des aspects marchands, en prenant en charge une partie de la production des biens communs délaissés par les autorités publiques, les grandes entreprises cherchent à se rapprocher des opinions, à retrouver une confiance perdue auprès des sociétés civiles en avançant des discours et des pratiques visant à leur redonner une légitimité sociale.

Si les grandes entreprises se préoccupent davantage

de limiter les risques sociétaux, de répondre à certains besoins, qui peut s'en plaindre ? Préfère-t-on qu'elles se moquent des risques et multiplient leurs « externalités négatives » en méprisant la collectivité publique ? Il faut néanmoins regarder cas par cas ces pratiques d'entreprises et conserver une forte vigilance critique. En particulier sur deux points.

D'abord, la logique actionnariale implacable, issue du modèle anglo-saxon, continue à pénétrer davantage, notamment en Europe, et à y faire reculer un modèle partenarial d'entreprise, caractérisé par un dialogue renforcé des parties prenantes, par un souci du long terme. Les modes de gouvernance restent marqués par l'empreinte financière et les normes comptables internationales (IFRS) conçues pour la satisfaction d'investisseurs financiers à court terme.

Le second point de vigilance : ces grandes entreprises internationales qui mettent en avant et agissent en faveur de l'entrepreneuriat social, vont parfois en même temps à l'encontre d'un ancrage entrepreneurial au niveau local en développant, sous l'effet d'une concurrence violente, des stratégies « hors sol ».

On peut émettre des jugements moraux sur les comportements des dirigeants. Mais c'est surtout la logique de la rentabilité financière maximale qui est en cause et à combattre. C'est là que la logique de la création de valeur uniquement actionnariale marque sa limite, que l'entrepreneuriat social peut prendre la parole.

La ligne de démarcation de la démocratie économique est utile.

Dans ces expériences de social business, celles qui

ont le plus de chance de durer, de faire sens sont celles qui associent les populations locales (bénéficiaires, producteurs, distributeurs…), les autorités locales, les ONG locales : GDF Suez au Ghana intègre les habitants dans la gestion du projet ; au sein de chaque bloc d'habitation, un habitant est élu pour coordonner les travaux d'électrification du bidonville et s'assurer de la distribution aux bénéficiaires. Le projet est ainsi monté pour et avec la population locale.

Ce sont aussi celles qui impliquent les parties prenantes au Nord (Grameen Danone mobilise les salariés de Danone qui y investissent un peu de leur intéressement) et qui réinvestissent les excédents réalisés : si le social business marche, il n'aura pas vocation à enrichir des actionnaires, mais ses profits seront réinvestis au service du projet et des personnes qui le font vivre et en bénéficient.

Ce social business à la Yunus est dérangeant. Qui utilise qui ? Yunus a son avis : « *Ce n'est pas Danone qui m'utilise. C'est moi qui utilise Danone, pour atteindre mes objectifs.* » L'histoire tranchera !

Nous nous intéressons à M. Yunus car il vise à mettre une partie de l'humanité dans le circuit économique, par l'économie de marché elle-même. Il incarne cette parole d'un ancien président du Centre des jeunes dirigeants d'entreprises, Jacques Chaize[1] :

---

1. Jacques Chaize est connu pour avoir présidé le Centre des jeunes dirigeants d'entreprises (CJD) de 1988 à 1990 puis pour avoir publié un ouvrage anticonformiste, *La porte du changement s'ouvre de l'intérieur* (Calmann-Lévy, 1992), dans lequel il incitait les chefs d'entreprises à se remettre en question.

« *La porte du changement s'ouvre de l'intérieur du marché.* »

Ces trois courants de l'entrepreneuriat social (Amérique, Europe, Sud) sont dynamiques et se développent. Rançon du succès, ils peuvent aussi se faire récupérer par le système… Le risque existe.

La reconquête des droits

Pour l'éviter, l'entrepreneuriat social doit garder la démocratie économique comme horizon.

D'abord, on l'a vu, en permettant à ceux qui en sont privés un accès aux droits. Pas de démocratie sans droits collectifs. Droit à la nourriture, à la santé, à l'éducation, au travail, au crédit. Une démocratie économique réelle implique que le plus grand nombre puisse exercer ses droits économiques et sociaux.

De ce point de vue nous défendons une conception vigilante de l'entrepreneuriat social. Les salariés des entreprises d'insertion doivent disposer de la totalité de leurs droits du travail.

L'entrepreneuriat social doit continuer à s'appuyer sur des mobilisations citoyennes, le plus souvent ancrées dans leur territoire et donnant lieu à des négociations entre parties prenantes, à de la concertation, à des alliances.

Un Jardin de Cocagne est un lieu de décloisonnement. L'exclu y rencontre le bénévole inclus, ou le patron de PME locale. L'entreprise sociale n'est pas une verrue plaquée. Elle est puissance de transformation des représentations et des rapports sociaux. L'accompagnateur de SNC, le banquier à la retraite de France Active, l'administrateur de l'entreprise d'insertion en ressortent transformés. Pas de changement social et démocratique sans transformation personnelle.

La Scic Ôkhra, à Roussillon (Vaucluse) contribue au développement de son « pays » par un étonnant travail de production, de formation, de transmission culturelle sur les pigments ocre de son terroir. Elle crée du partenariat entre salariés-bénévoles-collectivités locales. Elle transmet un patrimoine culturel et technique. L'économie n'est plus lointaine ou simple question de chiffre d'affaires. Elle est sujet de débat entre parties prenantes.

L'entrepreneuriat social peut enfin être un agent de renouveau des services publics, de leur démocratisation.

L'entrepreneuriat social innove souvent en mettant l'usager du service social en position d'acteur pour définir et produire le service dont il a besoin. Les Britanniques sont extrêmement actifs sur ces innovations sociales dans des secteurs comme le handicap ou le traitement de la maladie d'Alzheimer. En France, le Groupe SOS, qui emploie aujourd'hui 3 000 personnes dans tous les champs de la solidarité et croît de 25 % par an, s'est développé en cherchant à répondre aux nouveaux besoins de ses premiers usagers. Ce Groupe montre, en employant des personnes très diplômées (qui se bousculent d'ailleurs pour y être embauchées), qu'on peut bien gérer, faire des économies d'échelle, en apportant des réponses à des besoins sociaux liés aux services publics, et en donnant aussi une vraie place aux usagers.

Inclure tous les citoyens dans le jeu économique, leur redonner du pouvoir et des droits, les mettre en position d'acteur : cette exigence démocratique est au cœur de l'entrepreneuriat social. Mais elle ne sera pas suffisante à faire quitter la marge.

Pour cela, il faut créer un environnement, un écosystème plus favorable à l'essor de l'entrepreneuriat social pour qu'il quitte la périphérie, le « small is beautiful » et devienne central.

L'entrepreneuriat social en mouvement

C'est la mission que s'est donnée le Mouvement des entrepreneurs sociaux[1] lancé début 2010.

Pour y parvenir, il cherche à agir sur tous les leviers structurants : la labellisation des entreprises sociales, pour améliorer leurs visibilité et lisibilité (il ne suffit pas de se déclarer entrepreneur social pour l'être) ; la formation, pour faire émerger une nouvelle génération d'entrepreneurs sociaux ; le financement, pour casser le plafond de verre qui freine le développement

---

1. Un Collectif pour le développement de l'entrepreneuriat social (Codès) est créé en 2006 pour décloisonner et rapprocher des sensibilités entrepreneuriales d'origines diverses, en recherche d'un autre modèle d'entreprise. En 2008, ce collectif publie en lien avec 100 entrepreneurs sociaux un Livre blanc pour développer l'entrepreneuriat social. Cette dynamique aboutit à l'automne 2009 à la création du Mouvement des entrepreneurs sociaux. www.mouves.org

d'entreprises sociales à fort potentiel ; le langage de la preuve pour rendre compte des pratiques et de l'impact de ces entrepreneurs, et convaincre au-delà des cercles d'initiés ; l'innovation sociale, à soutenir au même titre que l'innovation technologique, toutes deux étant essentielles pour sortir de la crise par le haut.

Les fondateurs de ce Mouvement sont convaincus que l'entrepreneuriat social n'est pas une mode, mais va durer car il correspond à une énorme attente, en particulier des jeunes.

Selon un sondage Avise-CSA[1], 77 % des Français sont convaincus que cet entrepreneuriat va se développer. Cette attente rencontre celle des consommateurs attirés par des produits équitables, bio, respectueux de l'environnement ; celle des salariés et entrepreneurs qui veulent concilier vie professionnelle et utilité sociale, et éviter de perdre leur vie à la gagner ; celle des épargnants qui veulent donner du sens à leur épargne.

Elle correspond aussi à un redéploiement de l'intérêt général dont l'Etat n'a pas le monopole mais dont il doit rester le garant. L'Etat providence ne parvient plus à anticiper les nouveaux besoins et à produire les innovations sociales pour y répondre : les entrepreneurs sociaux oui ! De fait, nous passons progressivement d'un modèle de « Welfare State » à un modèle de « Welfare Mix » où l'Etat continue de fixer les règles du jeu de l'intérêt général mais y répond en

---

1. Réalisé en janvier 2010 auprès d'un échantillon de 1 015 personnes, le sondage Avise-CSA sur la perception de l'entrepreneuriat social par les Français. www.avise.org

partenariat avec des acteurs privés, notamment les entreprises sociales.

La sortie de crise financière ne saurait certainement pas se traiter par un retour au « business as usual ». Les avant-gardes révolutionnaires du XXe siècle, qui ont prétendu mettre au pas l'économie de marché, ont échoué. L'avenir est à la démocratie économique pacifique.

L'entrepreneuriat social peut justement réussir parce qu'il s'appuie sur des mécanismes de l'économie de marché : il n'est pas en dehors du monde, mais dans celui qu'il prétend changer. Il fait sienne cette phrase d'Eluard : « *Il y a un autre monde et il est dans celui-ci.* »

*

Si l'entrepreneuriat social a le vent en poupe, il ne doit pas pour autant être « survendu ». Il n'est pas une panacée. Il est une contribution. L'exemple du microcrédit, dont les promoteurs ont eu tendance à prétendre qu'il allait éradiquer la pauvreté, en témoigne. Vendu comme un « miracle », le microcrédit pourrait finir par être regardé comme un « mirage »[1], ce qui est absurde. L'entrepreneuriat social n'est ni mirage ni miracle. Il n'est pas la révolution. Il participe d'une somme de petites révolutions qui changent le monde.

---

1. Voir les deux livres d'Esther Duflo, *Lutter contre la pauvreté : Le Développement humain* (vol. 1) et *La politique de l'autonomie* (vol. 2), Seuil, La République des idées, 2010.

Encore jeune, hétérogène, foisonnant, l'entrepreneuriat social se trouve aussi confronté aux enjeux actuels de la crise. Il s'y trouve en fait en position à la fois défensive et offensive.

Défensive car c'est vers lui qu'on se tourne pour apporter des solutions « réparatrices » au chômage, aux ruptures du lien social, aux phénomènes de précarité, d'exclusion que la crise génère. Ainsi des structures d'insertion par l'activité économique en France. La remontée du chômage les place en première ligne.

Mais position offensive aussi, car l'entrepreneuriat social peut apporter des réponses aux excès du capitalisme financier ou d'un capitalisme inégalitaire et destructeur de l'environnement. Il constitue un laboratoire pour un entrepreneuriat et une entreprise non basés sur la rentabilité à court terme et prenant autrement en compte les facteurs humains et environnementaux. L'entreprise d'avenir, l'entreprise d'après-crise devra se soucier davantage de son utilité sociale, du rapport au territoire dans lequel elle évolue, de son capital humain et de sa valorisation, d'une répartition plus juste des bénéfices, de l'implication de ses parties prenantes dans sa gouvernance. Bref, de sa responsabilité sociale.

Le slogan de la SEC (Social Enterprise Coalition), « *transform how & why we do business*[1] », n'a jamais été aussi actuel !

---

1. Changer comment et pourquoi nous créons et développons des entreprises.

ÊTRE ÉVALUÉ ET RENDRE COMPTE À MESURE DE SON POUVOIR ÉCONOMIQUE : entreprises en quête de responsabilité sociale

Nous proposons le troisième principe de démocratie économique suivant : plus le pouvoir d'un acteur économique est important, plus il doit rendre des comptes et être évalué. Le capitalisme actuel fonctionne à l'envers.

Au sommet de la pyramide, les multinationales, dont beaucoup pèsent davantage que des pays en développement, parviennent à se soustraire au contrôle politique et aux régulations sociales et environnementales. Ce sont parfois elles qui déterminent un droit sur mesure.

En bas de l'échelle, le chômeur est soumis à des contraintes fortes. Suspecté de paresse, ses allocations sont réduites en montant et en durée, et leurs conditions d'éligibilité durcies. La détérioration des conditions d'indemnisation des chômeurs s'accompagne d'un renforcement de leur contrôle, nouvelle source de stigmatisation. Le chômage est largement involontaire, et rarement facteur d'épanouissement et d'émancipation.

Renverser la pyramide

Il faut renverser la pyramide. Faire davantage confiance aux demandeurs d'emploi, à leur intelligence, à leur capacité d'initiative (en France, un tiers des créations d'entreprise est le fait de chômeurs), à leur faculté de participer à la construction de réponses aux exclus, aux pauvres.

Leur permettre de sortir de l'isolement en restant en contact avec ceux qui sont « dans » l'économie.

Il s'agit de renforcer le contrôle démocratique des grandes entreprises, notamment celles qui gèrent des « biens publics » (santé, éducation, énergie, eau, culture, monnaie et finance, etc.). Ces dernières ne sont pas des entreprises comme les autres car elles engagent l'ensemble de la société et les générations futures, au-delà de leurs intérêts directs. Dans le cas des banques et des entreprises pétrolières par exemple, les crises écologiques et financières montrent qu'elles ne peuvent être laissées à la seule autorégulation privée, ni aux seuls intérêts des actionnaires.

Ces régulations doivent être publiques et mondiales *via* des organisations internationales comme le FMI, l'OMC, l'OIT, mais également citoyennes et entrepreneuriales.

Ces nouvelles régulations commencent à exister et se traduisent dans des pratiques de responsabilité sociale des entreprises visant à passer d'une gouvernance centrée sur les actionnaires (shareholders) à une gouvernance partagée avec les parties prenantes (stakeholders).

On les retrouve dans les combats d'ONG ou de mouvements de consommateurs qui dénoncent les mauvaises pratiques des transnationales, réclament davantage de transparence et d'équité, et font pression pour qu'elles agissent de manière plus responsable. Elles existent dans des résistances altermondialistes qui militent pour une réappropriation de l'économie par les citoyens. Il faut changer d'échelle pour être à la hauteur du pouvoir de ces entreprises mondiales.

Derrière ce troisième principe de démocratie économique, il y a cette idée simple : tout pouvoir abandonné à lui-même conduit à sa propre perte et à la destruction de son environnement humain et naturel. La concentration de pouvoirs sur un acteur (par l'accumulation de capital et de richesses, par la législation, par une situation de monopole…) doit s'accompagner, dans un intérêt de long terme et celui de la société, de contre-pouvoirs forts, indépendants. Et de systèmes d'évaluation *ad hoc* permettant de rendre compte.

Rendre compte, être responsable

Rendre compte au conseil d'administration et aux parties prenantes de l'activité pour les entrepreneurs, aux citoyens pour la puissance publique, aux adhérents et militants pour la société civile organisée.

A une époque où tout le monde tend à tenir un même discours de « développement durable », la différenciation et la clarification ne peuvent venir que de la pratique d'un *langage de la preuve*. Vous êtes utiles socialement ? Performants écologiquement ? Prouvez-le !

Lorsqu'on rend compte, on crée de la confiance autour de soi, une énergie positive dont nos démocraties – particulièrement la démocratie française – ont bien besoin. Un niveau insuffisant de responsabilité se traduit par une montée de la défiance.

La France occupe une position spécifique liée à son Etat hypertrophié et à la faiblesse de ses corps intermédiaires. La mutualisation de la responsabilité y reste limitée. Les dirigeants publics français préfèrent légiférer, dire le droit, sanctionner, plutôt que de promouvoir et diffuser une responsabilité sociale partagée et des partenariats au sein de la société civile. La démocratie française retrouvera confiance en elle-même par la responsabilité collective plutôt que par la recherche de monarques républicains providentiels.

De nouveaux outils apparaissent progressivement à tous les échelons de la société, pour rendre compte et évaluer la réussite de son action au regard de critères économiques mais aussi sociaux et écologiques.

A l'échelle de la nation, les limites du PIB comme indicateur de référence de la prospérité sont largement (re)connues. La commission Stiglitz/Sen/Fitoussi (Prix Nobel d'économie) a remis au président de la République française un rapport sur les nécessaires évolutions et innovations à apporter.

Côté société civile, un groupe de réflexion et de propositions, le FAIR (Forum pour d'autres indicateurs de richesse) s'est créé, autour notamment de l'économiste Jean Gadrey, pour construire un contrepoids citoyen à ces travaux et impulser un véritable débat démocratique sur ces sujets, un débat qui ne soit pas le monopole d'experts, fussent-ils des Prix Nobel !

Les territoires s'intéressent aussi à de nouveaux indicateurs, à même de mieux analyser leur santé économique, sociale et écologique. La Région Nord-Pas-de-Calais expérimente des outils comme l'IDH (indice de développement humain), l'empreinte écologique, l'indicateur de santé sociale ou encore le BIP 40 (sur les inégalités et la pauvreté).

Cet enjeu de responsabilité et de reddition est particulièrement prégnant dans l'entreprise.

Dans l'entreprise se jouent en effet la création et la répartition de richesse, individuelle et collective, et se noue une partie importante de nos rapports sociaux, de notre identité, de notre appartenance à un groupe social. La somme de ces « cellules » constitue une part majeure du « corps » social, aux côtés des associations et des collectivités publiques. Ces cellules sont des organismes vivants. Elles naissent, grandissent et meurent.

Quand les entreprises vont, l'économie va. Ce qui ne veut pas dire que la société va. L'entreprise pendant longtemps a cru pouvoir bien aller contre la société. Elle internalisait les facteurs favorables et rejetait en dehors d'elle les facteurs défavorables (pollution, déchets, salariés non qualifiés, personnes handicapées…). Ce qu'on a qualifié du barbarisme

d'« externalités négatives ». A la collectivité publique
de favoriser les « internalités positives » et de prendre en charge les externalités négatives. Démocratiser l'économie, c'est revoir ce rapport de l'entreprise
à la Cité.

Cette époque est, sinon révolue, du moins remise
en cause. Avec des avancées et des ambiguïtés qui
gênent ceux qui aiment classer les bons d'un côté,
les méchants de l'autre. Impasse du manichéisme.
Celui des ultralibéraux qui vantent les mérites d'une
entreprise *bonne en soi*. Celui de militants pur sucre
pour qui une coopérative serait « par ses stauts »
vertueuse...

Ce qui nous intéresse, ce sont les entreprises qui
changent leur rapport aux hommes et à la planète,
exercent véritablement leur *responsabilité sociale* et
en rendent compte, qu'elles soient sociétés de personnes, entreprises sociales ou entreprises « classiques ».

Nous ne pouvons continuer avec des entreprises
préoccupées uniquement d'assembler des capitaux et
des hommes pour produire, vendre et gagner le plus
d'argent possible, avec un Etat qui devrait se
débrouiller du reste.

Entrepreneurs du reboisement économique

Parmi ceux qui en prennent conscience, il y a les
entrepreneurs eux-mêmes. Dont on doit redire la
diversité. Il y a en France 2,4 millions d'entreprises,

20 millions en Europe, immense puzzle de comportements, de cultures, de sensibilités.

L'Entreprise avec un grand E n'existe pas. Il existe des logiques entrepreneuriales (équilibre des charges et produits), un cadre commun (la comptabilité, le droit des sociétés), des contraintes particulières (liées à la taille ou au secteur) puis, au-delà, c'est la grande mer de la diversité. Et dans cette diversité, des entrepreneurs qui doutent, évoluent, tiennent compte du monde qui change et changent eux-mêmes leurs pratiques.

Le marché a ceci de positif qu'il oblige à se remettre en cause. Les entrepreneurs – ce n'est pas un jugement – sont, plus que d'autres, amenés à se remettre en cause eux-mêmes. Certains prennent conscience qu'ils doivent davantage se préoccuper de leur impact sur la société, sur l'environnement dans lequel ils travaillent, et de leur rapport avec leurs parties prenantes.

Les comportements des entrepreneurs ne se résument pas, en la matière, à des procédures, des normes ISO, des rapports d'activité. La création du Réseau Entreprendre par la famille Mulliez dans le Nord en est une expression. *« Si l'on doit fermer des usines, nous devons, nous avons la responsabilité, de recréer des emplois. Donc de recréer des entreprises. »* Nord Entreprendre naît de cette attitude. Aide à créer des TPE à potentiel. Puis essaime ailleurs en France et devient Réseau Entreprendre, un réseau dont l'ambition est de faire du « reboisement économique ».

S'agit-il de gagner de l'argent en faisant cela ? Non. Les 3 000 chefs d'entreprises engagés à accompagner des créateurs d'entreprises signent une charte où les mots-clefs sont gratuité et réciprocité. S'agit-il grâce à cela d'obtenir une bonne note d'une agence de notation ? Non. Simplement de la conviction qu'ils ont la responsabilité de recréer les cellules vivantes du corps social de demain. Et pourquoi ne pas aller plus loin et promouvoir des entreprises qui se fixent pour objectif d'employer des personnes en difficulté ? Le Réseau Entreprendre lance alors le programme Entreprendre Autrement, pour soutenir la création d'entreprises sociales. C'est, comme la prose de M. Jourdain, de la RSE sans le dire et même, parfois, sans le savoir.

Les clivages se déplacent : des PME familiales, plutôt traditionnelles, deviennent des acteurs d'innovation et de cohésion sociales. Ce déplacement des lignes nous intéresse. Il ouvre de nouveaux horizons. Il crée de la valeur sociale. Le Réseau Entreprendre, quelques années plus tard, signe des accords avec les entreprises d'insertion, avec France Active, premier acteur du financement de l'entrepreneuriat social. Et avec d'autres.

Responsables et compétitifs

Fait intéressant et porteur d'avenir, la RSE quitte lentement mais sûrement la périphérie de l'activité (philanthropie ou mécénat déconnecté de l'activité, opérations essentiellement communicantes...) pour aller vers le cœur de l'entreprise, l'exercice de son

« core business » et de sa gouvernance. Elle quitte en même temps le cercle restreint des pionniers qui ont agi par conviction, pour toucher plus largement des entreprises et entrepreneurs.

Pourquoi ? Parce que : la RSE deviendra pour partie un facteur de compétitivité. Etre socialement responsable peut être un atout-clef pour trouver, motiver et fidéliser des salariés compétents, faciliter le dialogue social, gagner en notoriété, anticiper des réglementations environnementales plus strictes, renforcer son ancrage territorial, répondre à des marchés publics qui se dotent de clauses sociales, pour faire des économies, pour anticiper des risques écologiques ou sociaux, etc. L'entreprise se retrouve dans un jeu de pression des acteurs de l'économie de marché, qui la poussent à adopter un comportement socialement et écologiquement plus juste.

Il s'agit d'un point-clef dans le cas des PME, c'est-à-dire de l'écrasante majorité des entreprises[1], la motivation du dirigeant y étant le facteur essentiel de déclenchement et de mise en œuvre d'une politique de responsabilité sociale : si le développement réussi de son entreprise (voire sa survie !) passe par davantage de RSE, il y sera davantage attentif… Nécessité est mère de l'invention, et, nous le savons, du potentiel d'innovation des entrepreneurs ! Pour autant nous défendons une dimension éthique de la

---

1. 99,8 % des 20 millions d'entreprises européennes ont moins de 250 salariés et 93 % moins de 10 salariés.

RSE qui ne saurait se résumer à améliorer la compétitivité des entreprises comme nous y invite le Commissaire européen.

Cette dynamique de changement est tout sauf homogène. Elle charrie des doctrines et des pratiques différentes. Et des réactions variables aux pressions : actives ou passives, convaincues ou sceptiques, opportunistes ou stratégiques. Mais elle fait de la RSE une nécessité, donc... un mouvement de fond. Il s'agit aussi de changer le rapport au profit.

Nous ne cherchons pas ici à considérer l'ensemble de la problématique de la RSE – des dizaines d'ouvrages de qualité ont été consacrés au sujet – mais plutôt à analyser en quoi elle peut contribuer au troisième principe de démocratie économique, celui de la reddition de compte, et celui des modalités de la prise de décision.

L'information, nerf du combat démocratique

L'information, la transparence, la traçabilité font, selon nous, partie des facteurs indispensables à la démocratie économique. Pas de démocratie politique sans information libre, sans éducation des citoyens, sans dialogue civique, sans méthode participative, sans consultation préalable à la décision publique. Ceci vaut en économie.

Globalement, que ce soit sous la contrainte ou par des démarches volontaires, la production par les

entreprises d'informations dites ESG (environnementales, sociales et de gouvernance) progresse.

C'est fondamental. Sans information de qualité,
reconnue et lisible, aucune action de RSE n'est possible. Aucune politique publique non plus. L'accès
aux 120 milliards d'euros des marchés publics et les
65 milliards d'aides publiques aux entreprises pourraient par exemple être modulés, en fonction de critères sociaux et écologiques, pour favoriser les
entreprises responsables et inciter les autres à améliorer leurs pratiques. Encore faudrait-il avoir un
référentiel de reporting social et environnemental
clair, précis et partagé.

On en est encore loin. Pour le moment, le champ
de la RSE se caractérise par un foisonnement de
cadres informationnels : entre référentiels internationaux, normes ISO, certifications thématiques ou
sectorielles, labels nationaux, etc. il est difficile de
s'y retrouver, y compris pour les entreprises elles-
mêmes, qui deviennent demandeuses d'une standar-
disation des procédures, et de normes garanties par
les pouvoirs publics[1].

De premiers référentiels ont été élaborés ces vingt
dernières années, impulsés par des institutions
internationales et des acteurs privés : les principes
directeurs de l'OCDE (Organisation de coopération

---

1. En France, le Grenelle de l'environnement (loi 1) va dans ce
sens et affirme que « la France proposera un cadre de travail au
niveau communautaire pour l'établissement d'indicateurs sociaux
et environnementaux permettant la comparaison entre les entreprises ».

et de développement économique), le Global Compact (Pacte mondial) des Nations unies, les huit conventions fondamentales de l'Organisation internationale du travail (rendues obligatoires pour les Etats membres) et, probablement le plus abouti (même si son usage fait débat[1]), le GRI (Global Reporting Initiative), initiative multiparties-prenantes soutenue par le PNUE (Programme des Nations unies pour l'environnement).

Parallèlement, des normes et des labels, publics et privés, sociaux (SA 8000, OHSAS 18001…) et environnementaux (Emas, ISO 14000…), se sont multipliés. Une première norme globale internationale sur la « responsabilité sociétale des organisations » (ISO 26 000) sort en 2010.

Des agences de notation extrafinancière des entreprises (Vigéo, Euris… une trentaine dans le monde) se sont développées, notamment pour répondre à la demande des gestionnaires de fonds ISR (investissement socialement responsable), chacune ayant élaboré sa propre méthodologie d'évaluation.

L'élaboration d'un référentiel partagé est un travail long et progressif, qui doit associer les différentes parties prenantes de l'entreprise, valoriser les outils existants et adapter le contenu en fonction par

---

1. Sur l'utilisation du GRI en pratique, les avis sont partagés. Il s'agit en effet de la seule initiative mondiale multiparties-prenantes, et en ce sens, elle est précieuse ; mais il lui est parfois reproché d'avoir du mal à appréhender les enjeux sectoriels et territoriaux, d'avoir une logique trop « business » ou encore d'être trop formaté « à l'anglo-saxonne ».

exemple du pays, du secteur et de la taille de l'entreprise. Mais il est aussi essentiel d'affirmer une volonté politique claire et ferme quant à cet objectif et sa réalisation au niveau européen.

Soulignons que la logique d'indicateurs sociaux et écologiques ne peut être simplement décalquée sur la logique comptable des indicateurs économiques. Les premiers sont plus « mous », voire plus subjectifs. Ils doivent intégrer une approche qualitative. Ils varient selon les secteurs d'activité (exemple du taux de contrats à durée déterminée, important dans les secteurs saisonniers : est-ce pour autant une preuve d'irresponsabilité ?). Les enjeux territoriaux sont aussi essentiels. Il y a donc besoin d'adapter les indicateurs à ces spécificités, ce qui n'est pas aisé.

On pourrait commencer par un jeu de quelques indicateurs synthétiques universels et systématiquement calculés, pour élargir ensuite progressivement à d'autres indicateurs spécifiques, fonction des réalités sectorielles et territoriales.

Parmi les critères ayant trait à la démocratie économique, pourraient être intégrés : une structure de capital claire et transparente, l'usage du profit au service de l'investissement ou des salariés, l'embauche de chômeurs longue durée, une échelle raisonnée des salaires, la conclusion de négociations salariales, un nombre suffisant de salariés et de femmes dans le conseil d'administration…

Autre difficulté à intégrer : à qui rendre compte ? Le reporting RSE est aujourd'hui essentiellement focalisé sur les actionnaires. Si demain, les entreprises doivent rendre compte aux différentes parties prenantes, comment traiter l'hétérogénéité des attentes ? Les consommateurs, les salariés, les fournisseurs, les actionnaires ont des enjeux propres, ils ne sont en effet pas intéressés par les mêmes informations.

Enfin, qui dit reporting et évaluation de l'impact social et environnemental, dit aussi agences de notation. Ces acteurs sont aujourd'hui décriés. A raison, au vu des dérives des agences de notation financière (conflits d'intérêt, informations erronées...) et de leurs conséquences sur l'économie. Néanmoins, ne jetons pas le bébé de la notation et de l'évaluation avec l'eau du bain de la crise financière... Il faut soutenir le développement de l'activité d'agences de notation extrafinancière, et simultanément leur encadrement et leur indépendance, pour s'assurer de leur bon fonctionnement et éviter de faire bégayer l'histoire.

La légitimité démocratique des agences de notation doit être solidement établie. Elles ne devraient par exemple pas appartenir à leurs clients.

L'information est bien le nerf du combat démocratique. Les sociétés de personnes, les entreprises sociales, les entreprises classiques socialement responsables doivent être à la pointe de ce défi : produire une information claire, reconnue, validée, sur les pratiques sociales et environnementales de l'entreprise.

L'autre grand enjeu démocratique de la RSE est lié à l'apparition de la théorie des stakeholders (parties prenantes). Longtemps les rapports sociaux se sont construits entre les détenteurs de l'entreprise et ses salariés. Lieux de conflit par excellence pour certains, mais aussi lieux de négociations, pour la répartition de la valeur ajoutée, pour la sécurité, l'hygiène, le droit au travail.

La théorie des stakeholders fait sortir l'entreprise d'une conception exclusive du droit de l'actionnaire-propriétaire, confronté aux droits des salariés, pour une conception élargie qui s'efforce de réguler les attentes et les intérêts de l'ensemble des parties prenantes. En sortant l'entreprise de son enfermement à la décision de l'actionnaire (shareholder) corrigée par le contre-pouvoir (syndical) des salariés, on introduit un ferment de démocratisation. On rejoint ici le premier principe de démocratie économique.

L'entreprise n'est plus la « grande muette ». Lorsque Lafarge accepte que son rapport annuel d'activité soit lu, critiqué et commenté par l'ONG WWF, il modifie le rapport de la société civile à l'entreprise.

C'est une étape. Encore embryonnaire. Parfois hypocrite. Voire mensongère. Mais qui peut faire bouger les choses. Pas seulement sous le sceau de la bonne volonté ou de la vertu, mais aussi de la pression, de la résistance, du rapport de force.

Les parties prenantes ne font pas que se laisser octroyer des droits. Elles les conquièrent. Ainsi l'activisme actionnarial modifie le pouvoir des actionnaires. De même, les salariés sont et seront de plus en plus directement non seulement des stakeholders mais aussi des shareholders (actionnaires) de leurs entreprises-employeurs. Dans les entreprises du CAC 40 en France, 1 million de salariés détient 24 milliards d'euros d'actions.

On voit que les écarts peuvent se resserrer entre des entreprises d'économie sociale, qui reposent sur une gouvernance de sociétaires, et des entreprises socialement responsables, qui intégreraient les parties prenantes dans leur gouvernance. C'est bien là la question : la RSE restera-t-elle un vecteur de changement et de reporting sans remettre en cause le pouvoir absolu de l'actionnaire ? Ou acceptera-t-elle peu à peu que les parties prenantes aient des droits reconnus dans la gouvernance de l'entreprise c'est-à-dire non pas dans le contre-pouvoir, mais dans le pouvoir lui-même ?

Une façon d'arrimer les entreprises à la société civile, pour ne pas en rester à un simple discours sur les parties prenantes, tient à l'intensité et à la qualité que les entreprises, notamment les grandes, peuvent entretenir avec des ONG et des associations 1901.

Comme le dit l'ORSE (Observatoire de la RSE) : *« Au fil des ans les deux acteurs ont accru leur pouvoir, mais aussi leur expertise et leur sens des responsabilités. Tout en gardant un rôle distinct qui les amène régulièrement à la confrontation sur bien des sujets, les entreprises et les ONG ont également développé des plateformes communes de dialogue, afin de trouver ensemble des réponses à ces nouveaux défis[1]. »*

Les partenariats entre entreprises et ONG peuvent permettre de faire évoluer les pratiques concrètes des entreprises sur des sujets comme la lutte contre la corruption, la santé, les droits de l'homme, l'ancrage territorial, l'environnement.

Déjà, entreprises et ONG se mettent à travailler ensemble pour rédiger une charte, concevoir un produit, ou un projet, établir et suivre des indicateurs, former le personnel. Ainsi les Caisses d'Epargne, pour établir un référentiel développement durable de leurs produits d'épargne, ont-elles établi un partenariat avec les Amis de la Terre, WWF...

*

Ceci n'est pas sans risque. Pour les ONG qui pensent compromettre leurs principes, perdre leur indépendance, mettre en jeu leur réputation. Et pour les entreprises qui peuvent s'exposer à des attaques accrues, être victimes de fuites d'informations, déstabiliser leurs autres parties prenantes.

Nous pensons que la démocratisation de l'économie passe par de tels partenariats, par l'élaboration d'un dialogue économique civique, par un partage d'informations entre parties prenantes. Au niveau politique, qui nierait aujourd'hui que pour

---

1. « Guide pratique. Partenariats stratégiques ONG-Entreprises », ORSE.

élaborer une bonne décision publique dans le domaine de la santé, de l'aménagement du territoire… il y a besoin de travailler avec la société civile organisée, celle des associations et ONG ? Les conférences de consensus se développent. Pourquoi ce qui vaut pour la décision « politique » ne vaudrait-il pas pour la décision « économique » ?

DE NOUVELLES ALLIANCES
POUR DÉMOCRATISER L'ÉCONOMIE

Nous appelons en effet à de nouvelles alliances qui dessinent une géographie économique du XXIe siècle, remettant en cause les frontières du siècle précédent : l'opposition entre salarié et entrepreneur, la séparation entre association et entreprise, la coupure entre l'économique et le social, le pouvoir absolu de l'actionnaire… entre autres.

Nous défendons des accords entre les entrepreneurs engagés (sociétés de personnes, entreprises socialement responsables, entreprises sociales), la société civile organisée, la puissance publique non bureaucratique, des alliances qui nourrissent un processus de démocratisation de l'économie.

Ces alliances peuvent se nouer sur des idées ou des projets. Elles se jouent et se concrétisent souvent sur les territoires. Elles réunissent des parties prenantes volontaires, sur des objets limités, dans un temps donné. Elles reposent sur des principes de traçabilité de la décision, de transparence de l'information, d'évaluation des résultats.

Il ne s'agit pas d'être d'accord sur tout, tout le temps, de signer les tables de la loi. Ces alliances sont fondées sur des accords d'une grande diversité. Larges ou ponctuels. Juridiquement finalisés ou informels. Dans certains cas une poignée de main suffit. Dans d'autres l'alliance résulte d'un travail approfondi de discussions, d'engagements réciproques, de formulation du retour sur investissement. Parfois l'alliance va jusqu'au partage du pouvoir, de la gouvernance.

Une nouvelle tectonique
des plaques économiques

Ces alliances pour la démocratie économique sont une nécessité et un choix.

Une nécessité parce que nous vivons dans un monde complexe d'interdépendance où nul n'a plus, seul, la solution. Les approches monolithiques et globalisantes sont caduques. Le traitement de sujets comme la pauvreté, le chômage, les périls environnementaux, implique du multilatéralisme, de la coopération entre parties prenantes.

Un exemple, illustratif de l'efficacité des systèmes de partenariats et de réseaux : la canicule de 2003. Les analyses ont montré que les écarts de mortalité liés à cette canicule dramatique ont été considérables entre les territoires. Les départements les moins frappés par la mortalité ont été ceux dans lesquels préexistaient des modalités partenariales de travail entre associations familiales, cliniques privées, maisons de retraite, hôpitaux publics, médecins libéraux. Dans ces départements, les systèmes d'alerte et de traitement ont été plus précoces, plus efficaces, plus complets que dans les autres. Dans un autre registre, le Grenelle de l'environnement a démontré à quel point la mise en œuvre de processus de développement durable nécessitait diagnostics partagés entre entreprises, ONG, pouvoirs publics…

L'intérêt général devient une affaire de copropriété. La coopération, les alliances entre parties prenantes sont d'autant plus nécessaires que dans certains cas, il y a urgence. Quand la maison brûle, il faut aller vite. La coopération est « fille de la nécessité ».

Mais ces alliances sont aussi le résultat de choix volontaires et positifs. Ceux d'une culture de partenariat gagnant-gagnant. Celui de l'enrichissement mutuel. Un état d'esprit qui se détermine davantage par ses alliés que par ses adversaires, par son projet que par son rejet, par ses propositions plus que par ses critiques. L'alliance, c'est aussi sortir de l'entre-soi, et creuser des sillons fertiles qui ne deviennent pas des tranchées ; c'est comprendre et reconnaître *« que l'Autre est porteur d'une part de vérité qui me manque »*.

Ceci revêt en France un enjeu particulier, le creuset de l'Etat républicain n'y a pas généré de culture du partenariat. La société française est une société de défiance réciproque. L'Etat n'a pas confiance dans la société civile. La société civile se méfie de l'entreprise… Beaucoup entendent « gnan-gnan » quand on leur dit « gagnant-gagnant », ou « compromissions » lorsqu'on leur parle de « compromis ».

L'urgence : sortir de ces forteresses construites autour de chaque catégorie d'acteurs (entrepreneurs, syndicalistes, consommateurs, bénévoles, militants, internautes, élus, fonctionnaires…) ou de visions (sociétés de personnes, entrepreneuriat social, responsabilité sociale de l'entreprise, logiciels libres…) et construire des passerelles entre elles.

Surtout que dans ces milieux cloisonnés, de plus en plus de personnes, notamment au sein des nouvelles générations, pensent à l'identique sur les nécessaires (r)évolutions de l'entreprise et de l'économie. Les clivages structurants sont de moins en moins entre catégories d'acteurs qu'au sein même de chacune d'entre elles…

Prenons le monde des entrepreneurs : quoi de commun entre un patron humaniste de PME et un dirigeant d'EADS accusé de délit d'initié ? Que partage un entrepreneur social dans le commerce équitable, le bio ou les énergies renouvelables et des dirigeants de banques comme Goldman Sachs qui se sont empressés en 2009 de provisionner 20 milliards de dollars pour les bonus de leurs traders (soit l'équivalent de ce que le G8 a promis au même moment pour lutter contre la faim dans le monde…), moins d'un an après le début de la crise ?

Que ceux qui partagent la même vision du changement entrent en coopération, sortent des clivages anciens et se rapprochent, dans le but d'inventer les solutions à nos grands enjeux de société et de porter leur « pulsion démocratique » (Fitoussi) dans l'ensemble de l'économie. Nous avons plus besoin de « passeurs » pour relier des dynamiques, que de « pasteurs » qui assènent une science infuse et exclusive.

Cet appel à la coopération n'est pas incantatoire. Il s'appuie sur des réalités en cours. Le monde et les esprits bougent. Des murs tombent. Des ponts sont jetés.

Des PME locales apportent des marchés ou des compétences à des entreprises d'insertion qui les aident en retour à répondre à leurs besoins de recrutement sur des métiers en tension (restauration, BTP…).

De grands distributeurs coopèrent avec des entreprises de commerce équitable (Ethiquable, Alter Eco) pour distribuer leurs produits labellisés.

Des entreprises proposent à leurs salariés volontaires du mécénat de compétence pour qu'ils s'engagent, sur leurs heures de travail, dans des projets associatifs de leur choix (SFR, Algoé).

Des syndicalistes agissent pour que l'épargne salariale serve à financer des entreprises sociales et solidaires (CGT-CFDT/France Active).

Des ONG s'allient à des banquiers pour créer des produits financiers solidaires, telle la Sicav « choix solidaire » créée entre le Comité catholique contre la faim et le Crédit coopératif.

De grandes entreprises, d'économie sociale et du monde capitaliste, deviennent partenaires d'écoles de commerce pour développer l'entrepreneuriat social (Chaire d'entrepreneuriat social de l'Essec).

Des fonds de Venture Philanthropy se créent pour apporter des financements à des projets « sociaux », selon des modalités issues des expériences du capital-investissement (Phitrust).

Des épargnants décident d'affecter une partie de l'intérêt de leur épargne à des projets solidaires, comme le fait l'association Solidarités nouvelles face au chômage avec le livret d'épargne solidaire Agir.

Des internautes soutiennent des projets humanitaires, de microcrédit, par des dons ou des prêts *via* Internet : Babyloan et Charitic en France.

Ces rapprochements, pluriels, limités, fragiles, constituent une « tectonique des plaques » vers un nouveau continent économique. Des univers séparés se rapprochent.

Les alliances que cette nouvelle tectonique des plaques économiques dessine ont le mérite de remettre au goût du jour le principe de coopération. En lui-même, ce principe est une résistance au sacro-saint principe de concurrence qui domine nos sociétés de manière excessive.

La Commission européenne en fait l'alpha et l'oméga de l'économie de marché. Selon les fonctionnaires communautaires, plus la concurrence est vive, plus la société avance vers un avenir radieux, créateur d'emplois, agissant mécaniquement sur les baisses de prix et favorisant le progrès social.

Il faut résister à cette conception simpliste et équilibrer la concurrence par le concept de coopération.

La réhabilitation de la coopération

Lorsque les entreprises d'insertion sont nées, les chambres de commerce ont crié haro à la concurrence déloyale. Ces entreprises bénéficiant de financements publics viendraient de façon déloyale leur prendre des marchés, dans le secteur du bâtiment, de la restauration, de l'entretien des espaces, du recyclage des déchets. Déloyal ? En faisant travailler des hommes et femmes cassés par la vie, des chômeurs de longue durée, des handicapés physiques ou mentaux ? De quelle déloyauté parle-t-on au regard de l'intérêt collectif de la société ?

A la vision « sommaire » de la concurrence se substitue une vision de complémentarités de savoir-faire, d'intérêts communs.

Le groupe Darty a vu l'intérêt qu'il avait à travailler avec l'entreprise d'insertion Envie pour recycler les appareils blancs (machines à laver, réfrigérateurs) ou bruns (télévisions) qu'il distribue. Le groupe Adecco a vu l'intérêt qu'il avait à être partenaire des entreprises d'intérim d'insertion complémentaires à son cœur de métier.

Dans le marché du travail actuel, ces entreprises construisent des partenariats avec des entreprises d'insertion qui constituent des sas efficaces vers le travail en entreprise, en resocialisant, en formant, en qualifiant, en (re)donnant des savoir-être et des savoir-faire à des personnes exclues de la sphère de travail.

S'il est efficace, ce partenariat « crée de la valeur » pour tous : l'individu retrouve du travail et redevient un agent économique, un acteur, une personne utile ; l'entreprise classique embauche dans des conditions plus sûres ; l'entreprise d'insertion « place » son personnel et prospecte de nouveaux marchés auprès des entreprises partenaires ; l'Etat et la collectivité territoriale perçoivent des impôts et taxes et allègent d'autant les dépenses sociales passives. Voilà la performance globale de l'alliance.

Le message des coopérants est simple : faire à deux, trois ou plusieurs, ce qu'on ne peut faire seul.

Les groupements d'employeurs (GE) en sont une illustration : « *Etre employeur seul, je ne peux pas, car je ne dispose pas d'un nombre suffisant d'heures à proposer à un salarié. Etre employeur à plusieurs, je peux, car en se regroupant, en coopérant, on peut proposer sur l'année un volume d'heures suffisant pour créer un vrai poste de travail.* »

Les employeurs d'un même bassin d'activité s'organisent ainsi pour mutualiser leurs besoins d'emplois saisonniers ou de compétences à temps partiel permettant leur transformation en CDI à temps plein. Il existe 3 000 GE qui fédèrent 60 000 entreprises et gèrent 30 000 salariés.

S'invente un monde qui conjugue autonomie et solidarité, liberté et responsabilité. Le ET plutôt que le OU. C'est le sens profond de ces nouvelles alliances.

La vertu de la coopération peut être illustrée par un autre exemple : « le microcrédit personnel », partagé entre des banques et des associations du secteur social. Distribuer de petits crédits (3 000 à 4 000 €) à des personnes n'accédant pas à des prêts bancaires à des conditions normales, n'est pas facile pour les banques.

Le partenariat entre banque et associations (associations familiales, régies de quartier, foyers de jeunes travailleurs, associations d'accueil…) permet de conjuguer deux savoir-faire : celui de l'association qui connaît les personnes susceptibles de bénéficier d'un microcrédit, et à même de le leur prescrire après une analyse fondée, de les accompagner ensuite pour qu'elles remboursent, d'analyser les causes d'impayés en cas de problème ; et celui de la Banque qui connaît la législation du crédit et maîtrise la chaîne de l'acte de crédit, du recouvrement, du contentieux.

Ces partenariats sont bien des *fabriques à confiance*. Une analyse des expériences existantes dessine les grandes lignes de leur mode d'emploi : élaborer un diagnostic partagé ; parler un langage commun ; établir une relation de personne à personne plus qu'une relation d'organisation à organisation ; se mettre d'accord sur des objectifs précis et limités ; se donner des moyens clairs, suffisants et identifiés ; évaluer et rendre compte de l'impact de l'action.

Coopérer c'est apprendre de l'autre, regarder le monde sous un autre jour, découvrir d'autres talents, mieux se comprendre. L'association engagée dans le microcrédit comprend mieux les contraintes du banquier et s'aperçoit qu'il n'est pas nécessairement un monstre froid. Le banquier découvre une population qu'il connaît mal, revoit le cas échéant son appréciation du risque, exprime son admiration devant l'engagement du militant associatif. Le social intègre de l'économique. Et l'économique s'acculture au social. La coopération crée des valeurs ajoutées croisées.

Nous ne sommes pas chez les Bisounours

Nous ne défendons pas ces alliances comme de doux rêves où tout le monde « serait beau, tout le monde serait gentil ».

L'alliance ne supprime pas le conflit, les tensions et les rapports de force. Elle ne fait pas passer par magie à un monde du « peace and love ». Les logiques d'acteurs et les intérêts qu'elle exprime ne disparaissent pas. L'antagonisme entre les salariés et les propriétaires-dirigeants d'entreprises sur la répartition de la valeur demeure. Le conflit entre des logiques de développement industriel et des logiques de préservation de l'environnement ou de la santé des populations, les enjeux de conquête et de préservation du pouvoir dans les gouvernances des organisations partenariales, restent.

Mais les alliances permettent que la régulation des conflits d'intérêt, des enjeux de pouvoir, soit plus transparente, plus démocratique.

Ces alliances, humaines, donc imparfaites, ne sont pas un long fleuve tranquille. Elles comportent des doses d'ambiguïté, de contradiction, d'imperfection. Faire à plusieurs est souvent plus difficile que faire seul.

Ces partenariats sont souvent des partenariats de chemin de crête. Il y a des à-pic de chaque côté.

Lorsque Jardins de Cocagne et Auchan s'essaient à travailler ensemble, il s'agit de tout sauf de la mer de la tranquillité. Les alliances sont des prises de risques. Le risque de l'inconnu. Le risque de la différence. Elles peuvent constituer des réussites provisoires, mal se terminer, mais elles sont, même dans ces cas, des agents de transformation. Après, rien n'est plus tout à fait comme avant.

L'alliance ne supprime pas le cynisme. Les rapprochements réussis nécessitent des éléments éthiques qui s'appellent la loyauté, la fidélité, la correction, le respect de l'autre.

Ces alliances ne constituent pas le remède miracle aux insuffisances de la régulation publique. Elles n'ont aucunement vocation à s'y substituer. Si elles modifient les modalités de la contribution à l'intérêt général, il ne s'agit pas pour autant de nier ou d'affaiblir le rôle des pouvoirs publics comme garant de l'intérêt général.

La démocratisation de l'économie ne prétend pas se substituer à la démocratie politique. Elle la complète et la prolonge. Il appartient à la puissance publique, territoriale, nationale ou internationale de reformuler les relations qu'elle entend établir avec ces alliances. Les encourager. Les évaluer. Les remettre en perspective.

Mais le faire dans une vision de démocratie économique qui reconnaisse et valorise le rôle de la société civile. Les régulations entrepreneuriales que nous défendons, la montée en puissance de la société civile ne sont pas synonymes de la fin de la chose publique, du rôle des Etats.

Paradoxalement les alliances d'idées sont sans doute les plus difficiles, à cause de « la Posture », maladie française endémique. La Posture, majestueuse et grandiloquente, rechigne à s'abaisser au niveau des citoyens pour discuter du fond et du concret. Et quand elle le fait, elle parle moins des idées que des personnes qui les portent, les débats se réduisant alors à des querelles d'ego.

La prise de position « pour ou contre » se fait sur des concepts fourre-tout : pour ou contre la mondialisation, pour ou contre le capitalisme, pour ou contre la croissance, pour ou contre le modèle social français, pour ou contre la discrimination positive. Elle débouche sur des clivages artificiels, peu opérants. Le doute, la nuance et la complexité n'y sont pas de mise.

Nous saluons donc comme elles le méritent les *alliances d'idées* regroupant des acteurs ou des personnes peu habitués à coopérer.

L'une d'entre elles, encore émergente, doit être développée entre les trois dynamiques entrepreneuriales de la démocratie économique (sociétés de personnes, entrepreneuriat social, responsabilité sociale de l'entreprise) : <u>celle de la mesure de l'utilité sociale de l'entreprise.</u>

Le mot « utile » est général et mérite d'être mieux défini. Le monde associatif le fait. Le Conseil national de la vie associative s'est emparé de cette notion et a défini en 1996 cinq critères d'utilité sociale : la primauté du projet sur l'activité, la non-lucrativité et la gestion désintéressée, l'apport social, le fonctionnement démocratique, l'existence d'agréments. Les instructions fiscales de 1998 et 1999 ont inscrit l'utilité sociale dans les critères d'exonération fiscale pour les associations ayant des activités économiques, même si elles interviennent dans un champ concurrentiel[1].

Mais comme le souligne l'économiste Jean Gadrey, le concept d'utilité sociale va plus loin et concerne l'apport à la collectivité et au territoire de « bénéfices collectifs » divers : du lien social, de la solidarité, une réduction de l'exclusion, une contribution à une démocratie plus vivante, la mise en œuvre de droits fondamentaux, la qualité de vie, de l'environnement...

L'utilité sociale est au départ un concept applicable et revendiqué par le secteur non lucratif. Il s'agit de nourrir un langage de la preuve, à destination des partenaires, pouvoirs publics notamment, mais aussi des financeurs privés (mécènes, donateurs, philanthropes, investisseurs...), avec l'idée de poser les bases d'une négociation raisonnée.

Mais la mesure de l'utilité sociale et plus largement

---

1. Une association dont la gestion est désintéressée et qui exerce une activité économique dans des conditions différentes du secteur privé lucratif peut être exonérée au nom d'une utilité sociale définie par la règle des 4 P (Produit, Prix, Public, Publicité), les deux premiers critères étant prépondérants : le produit répond a un besoin mal pris en considération par le marché ; le prix, car l'activité est réalisée au profit de personnes justifiant l'octroi d'avantages particuliers au vu de leur situation économique et sociale.

des impacts extrafinanciers est un enjeu qui progresse également dans l'économie « classique », portée par la vague du développement durable et de la responsabilité sociale.

Les esprits chagrins et rigides crieront à l'hypocrisie. Pourtant les frontières sont plus poreuses qu'il n'y paraît. Les associations peuvent être entreprenantes. Les entreprises peuvent assumer une responsabilité sociale. Cette porosité effraie le plus souvent dans la France cartésienne, qui aime tant les jardins géométriques. Pour notre part, elle nous stimule et nous motive.

Avec deux points de vigilance essentiels.

Le premier, c'est d'éviter de réduire l'utilité sociale à une vision de réponse aux défaillances du marché et de l'Etat. Cette vision est aujourd'hui promue par les instances européennes, où le concept d'intérêt général, plus réducteur, est préféré à celui d'utilité sociale en ce qui concerne le tiers-secteur.

L'utilité sociale couvre la notion d'intérêt général, mais la dépasse : ancrage territorial, développement maîtrisé, réserves impartageables, association des parties prenantes, rémunération limitée du capital, échelle de salaires raisonnée, bien-être et formation des salariés, protection de l'environnement, etc.

Un second point de vigilance – on retrouve ici un fil rouge du livre et de la démocratie économique – consiste à s'assurer de la capacité à mesurer et à rendre compte : il faut évaluer cette utilité sociale.

De nombreuses initiatives (outils, expérimentations...) ont été menées ces dernières années pour évaluer l'utilité sociale des sociétés de personnes et des entreprises sociales, ou la performance sociale des entreprises classiques, de manière générale ou à l'échelle d'un territoire ou d'une filière. Ces démarches, complexes, sont souvent le fait d'une minorité de spécialistes ou d'initiés, chacun travaillant dans son coin.

Il y a lieu d'aller vers des référentiels opérationnels et appropriables à grande échelle, par l'ensemble des entreprises et par leur environnement et en cohérence entre entreprises et associations.

Nous plaidons pour la construction d'un référentiel de l'utilité sociale ou de la performance sociale, garanti par la puissance publique et co-construit avec les parties prenantes, qui établirait des jeux d'indicateurs par filière ainsi que des niveaux d'utilité sociale. Ce référentiel permettrait de mesurer l'impact des entreprises sociales, de le comparer entre elles, et avec les entreprises classiques, sur la base de pratiques réelles.

Il attirerait plus d'investisseurs privés qui pourraient fonder leur stratégie sur une meilleure information et une véritable évaluation du retour sur investissement social. Il permettrait enfin aux pouvoirs publics de mettre en place des politiques sectorielles ou territoriales favorisant le développement d'entreprises socialement utiles.

Des alliances sont nécessaires pour avancer sur ce chantier majeur. L'économie sociale et solidaire ne saurait prétendre avoir le monopole de l'utilité sociale. Les acteurs économiques « classiques » engagés dans la RSE pourraient s'intéresser davantage aux pratiques pionnières des sociétés de personnes et des entreprises sociales. Tous ont à gagner de cette coopération.

Le Réseau Cocagne l'a compris, quand il a élaboré ses outils de « démarche qualité développement durable » puisant à la fois dans les bonnes pratiques du secteur public (Pôle Emploi), du secteur privé conventionnel (Kronenbourg, Carrefour...) et dans l'expertise spécifique de l'économie sociale, *via* le Collège coopératif Provence-Alpes-Méditerranée[1].

Le guide élaboré propose un cadre méthodologique commun à tous les Jardins (référentiel, enjeux, indicateurs de moyens et d'impact...), à charge pour chacun d'eux de l'adapter ensuite à sa propre situation. Le guide est aussi utilisé pour construire des plans d'amélioration sur les trois dimensions du développement durable (social, économique, écologique) et pour s'inscrire ainsi dans une démarche permanente de progrès.

*

Autre alliance d'idées-clefs, qui concerne une question centrale de la démocratie économique : celle de la gouvernance d'entreprise. Cette question fait

---

1. Le Collège coopératif Provence-Alpes-Méditerranée a mené une importante recherche-action d'évaluation de l'utilité sociale sur dix champs d'activité de l'économie solidaire en Région Paca (2002) : commerce équitable, autoproduction accompagnée, échanges non monétaires, culture, finances solidaires, lutte contre les exclusions, services de proximité, insertion par l'économique, appui à la création d'activités, développement local.

clivage. Notamment entre les entreprises de capitaux et les sociétés de personnes.

Dans les premières, la gouvernance est à finalité patrimoniale. Ceci a été massivement renforcé par l'apparition des stock-options. Les cadres dirigeants se sont mis à gouverner dans une communauté d'intérêt avec les actionnaires, dans le but d'un enrichissement personnel rapide.

L'introduction de la notion de parties prenantes est une première évolution, pour le moment à effet limité. Dans la RSE, les parties prenantes sont des partenaires d'information, de consultation, de négociation. Elles ne rentrent pas encore vraiment dans l'affectio societatis de gouvernance.

Dans les sociétés de personnes, l'organisation de la gouvernance repose sur la logique non de l'actionnaire mais du sociétaire, la logique patrimoniale est absurde. Le court-termisme du retour sur investissement également. Le principe un homme-une voix introduit un socle démocratique. Mais le sociétariat est « mono-stakeholders » et la démocratie peut être plus formelle que réelle.

Alors, à quoi ressemblera l'entreprise de demain, produit de ces influences réciproques ?

A une Scic sans autorisation préalable du préfet[1] ? A une SA(RL) avec un capital rémunéré à un juste niveau mais plafonné et des excédents placés en partie en réserves impartageables, comme dans les

---

1. La création d'une Scic est aujourd'hui subordonnée à un agrément de la préfecture attestant de son caractère d'utilité publique.

coopératives ? Aura-t-elle une taille maximale de l'ordre de 200 salariés de manière à pouvoir connaître chacun ? Une gouvernance de type Scop où le directeur serait élu et les salariés intégrés aux décisions stratégiques ? Une échelle des salaires encadrée comme dans les entreprises agréées solidaires, par exemple en fonction de la taille de l'entreprise ? Une masse critique de salariés, de femmes et d'administrateurs indépendants dans le conseil d'administration comme dans certaines entreprises socialement responsables ? Se dotera-t-elle d'indicateurs économiques, sociaux et écologiques évaluables et évalués selon un référentiel partagé au niveau européen ?

Un peu de tout. Nous l'espérons.

Deux leviers peuvent permettre d'y parvenir.

Le premier : fonder l'entreprise en droit. Contrairement à une opinion répandue, l'entreprise n'existe pas en droit, seule la société de capitaux est juridiquement fondée, c'est-à-dire le contrat de société qui lie entre eux les apporteurs de capitaux.

Comme le souligne Didier Livio (chef d'entreprise, ancien président du Centre des jeunes dirigeants) : « *Le droit des sociétés avec lequel nous travaillons aujourd'hui est issu du XIXᵉ siècle, quand l'essentiel des actifs des entreprises était constitué d'éléments matériels et financiers. A cette époque, il était normal de confondre l'entreprise et la société de capitaux. Aujourd'hui une grande majorité des actifs des entreprises sont immatériels, ils sont portés et mis en œuvre par les femmes et les hommes qui composent les entreprises. Ainsi, ils détiennent naturellement une part de la valeur de l'entreprise dont le droit des sociétés ne peut rendre compte*[1]. »

Le paradoxe est que les salariés, qui représentent souvent l'essentiel de la richesse de l'entreprise, sont toujours « comptabilisés » comme une charge, un coût. On en reste à une vision d'il y a deux siècles, liée à l'apparition d'une main-d'œuvre à bas salaire et faible productivité.

Vision qui entretient la confusion entre société de capitaux et entreprise. Cet amalgame est d'ailleurs en partie au cœur de la crise financière qui a déconnecté production de richesses utiles et finance.

On l'a vu, l'entreprise peut prendre d'autres formes que la société de capitaux. L'entreprise préexistait à la société de capitaux. L'entrepreneur et banquier Lucien Pfeiffer la considère comme la plus vieille institution du monde[2]. De plus, l'entreprise n'est ni une boîte noire fiscale à traire en fonction des besoins, ni un simple instrument de génération de profit, dont l'usage est décidé exclusivement par les actionnaires. Elle constitue une institution, une entité socio-économique complexe et essentielle, encastrée dans la collectivité, chargée de produire des biens et services utiles à la société. Bien sûr, sa santé économique est une condition essentielle de son existence, mais elle doit en même temps assumer et exercer sa responsabilité vis-à-vis de ses

---

1. *Réconcilier l'entreprise et la société, l'entreprise a-t-elle une vocation politique ?*, Didier Livio, Village Mondial, 2002.
2. *La fin du capitalisme… et après ?*, Lucien Pfeiffer, Editions Yves Michel, 2006.

parties prenantes et des impératifs sociaux et environnementaux.

En bref : la « société de capitaux » a pour objectif le profit. L'« entreprise », elle, a pour objectif de créer des richesses utiles. Fonder l'entreprise en droit permettrait d'affirmer cette distinction.

Une première piste consiste à fonder l'entreprise en droit comme le contrat passé entre la communauté des actionnaires et la communauté de travail dans une instance à déterminer. Ce contrat porterait notamment sur le partage de la valeur ajoutée. Le président de la société de capitaux garant des intérêts des actionnaires négocierait avec le dirigeant de l'entreprise garant de l'équilibre entre les parties prenantes.

La définition de l'entreprise de la Commission européenne constitue une première ouverture sur cette vision : « *Est considérée comme entreprise toute entité, indépendamment de sa forme juridique, exerçant une activité économique. Sont notamment considérées comme telles les entités exerçant une activité artisanale ou d'autres activités à titre individuel ou familial, les sociétés de personnes ou les associations qui exercent régulièrement une activité économique*[1]. »

Une seconde piste pourrait viser à créer la « société de partenaires », une société dont les parties prenantes se retrouvent dans l'affectio societatis avec participation à la décision. Il s'agirait de dépasser le clivage actuel entre les sociétés de personnes, où tout le pouvoir est au sociétaire, et les sociétés de capitaux, où tout le pouvoir est à l'actionnaire, pour

---

1. Annexe I au règlement (CE) n° 800/2008.

inventer une véritable gouvernance de droit, des parties prenantes, c'est-à-dire les sociétaires-actionnaires, les salariés, les clients et fournisseurs, la communauté locale. Le statut de société coopérative d'intérêt collectif constitue une première phase de cette société de partenaires qui pourrait être élargie.

Des débats entre les courants entrepreneuriaux évoqués dans ce livre permettraient de travailler ensemble sur ces voies et moyens : CJDES (Centre des jeunes dirigeants de l'économie sociale), Ceges (Conseil des entreprises, employeurs et groupements de l'économie sociale), CGScop, Mouvement des entrepreneurs sociaux, CJD, Réseau Entreprendre, ORSE (Observatoire de la RSE), etc., pourraient participer à ces alliances d'idées, avec des syndicats, des ONG, des associations, des collectivités…

L'objectif commun ? Faire entrer l'entreprise dans le XXIe siècle.

Des alliances de projets

Dans ces alliances de projets, on s'unit en apportant ou en échangeant des ressources différentes :

De l'information d'abord : les ONG, les associations disposent d'un énorme potentiel de connaissance de la société, de ses besoins, de ses enjeux, de ses attitudes. Ce potentiel peut intéresser les entreprises. Celles-ci disposent d'un volume d'intelligence économique, de données technologiques qui intéressent les ONG. Les rapports d'activité, les rapports de développement durable des entreprises sont un terrain d'expression des négociations et des alliances.

De la compétence ensuite : le mécénat de compétence, au terme duquel une entreprise amène gratuitement de l'expertise, en est une forme. Egalement la Venture Philanthropy, dans laquelle les philanthropes apportent de l'argent mais aussi de l'accompagnement, avec un souci de retour sur investissement. Ou encore la participation bénévole à des conseils d'administration.

De la ressource financière aussi : l'accès aux ressources monétaires est un enjeu majeur des nouvelles alliances, en particulier pour les entreprises sociales et le monde associatif qui souhaitent établir des partenariats avec le monde économique privé pour se financer.

En quelques années sont apparus de nouveaux véhicules financiers qui modifient progressivement la donne. Ils s'appellent épargne salariale solidaire, finance solidaire, investissements socialement responsables (ISR), fonds de dotation, social stock exchange (Bourse sociale, encore en projet en France)...

Les nouvelles alliances ont vocation à faire émerger une nouvelle ingénierie financière qui réoriente les flux d'argent, définissant d'autres critères d'investissement, d'autres mesures de retour sur investissement, des critères qui ne soient pas que financiers et court-termistes.

Des apports en nature enfin : les partenaires s'unissent en s'apportant réciproquement des marchés, des machines, des locaux, des systèmes d'information...

La question de l'accès aux marchés est fondamentale pour les entreprises d'insertion ou les entreprises adaptées[1]. Elle concerne au premier chef l'accès aux marchés publics. Les collectivités publiques et les grandes entreprises peuvent leur faciliter cet accès par un plus large usage des clauses de « mieux-disant social » qui favorise les entreprises sociales.

Les alliances de projets sont des partenariats entrepreneuriaux concrets, de nouveaux affectio societatis entre acteurs volontaires. Un des champs les plus favorables à ce type d'alliances est celui des partenariats entre entreprises sociales et entreprises « classiques ».

Leurs relations ne sont pas récentes. Ces quinze dernières années, elles ont notablement évolué, s'étant à la fois développées et diversifiées. Elles ont d'abord été d'ordre philanthropique caritatif, avec un risque d'une « sous-traitance compassionnelle » (Laville). C'est le Rotary qui soutient l'association d'insertion locale.

Une seconde génération de partenariats s'est centrée sur l'activité économique (achats, sous-traitance, co-traitance...) notamment dans le champ de l'insertion et des entreprises adaptées. Les entreprises sociales accèdent à de nouveaux marchés ; les entreprises classiques mettent en pratique leur responsabilité sociale, et parfois renforcent leur avantage

---

1. Une entreprise adaptée est une entreprise employant au moins 80 % de travailleurs handicapés, qui peuvent ainsi exercer une activité professionnelle dans des conditions adaptées à leurs possibilités.

compétitif, lorsqu'il s'agit de répondre à un marché public doté de clauses sociales.

Depuis quelques années, émerge une nouvelle génération de partenariats.

Ces partenariats ne se réduisent pas à un chèque, une subvention ou un acte commercial. Ils s'inscrivent dans des logiques de long terme (éviter le one-shot), touchent au cœur de l'activité de chacun et combinent des dimensions plurielles : entrepreneuriale (création ou développement de nouvelles activités communes), de gouvernance (entrée au capital ou participation croisée aux conseils d'administration), de ressources humaines (développement partagé des compétences des salariés).

Chacun fait un effort pour se rapprocher du partenaire. Ces alliances engagent l'identité même des entreprises. *« Transformons-nous les uns les autres »*, mot d'ordre de Philippe Lemoine, l'iconoclaste et enthousiaste patron de Laser[1].

Fleurs de Cocagne (vente de fleurs bio produites localement par des personnes en insertion) et Auchan (fondation) expérimentent un projet de ce type. Auchan aide financièrement Fleurs de Cocagne dans son lancement, mais aussi sur le plan de la distribution, de la commercialisation et du marketing. Jean-Guy Henckel, fondateur et directeur des Jardins de Cocagne et des Fleurs de Cocagne, le met en perspective : *« Nous vivons un moment charnière : nous*

---

1. Groupe européen spécialisé sur les services d'intermédiation et de relation clients (cartes de paiement et de fidélité, crédit à la consommation...).

sommes passés de "l'étanchéité" entre entreprises sociales et entreprises capitalistes, à "la porosité". La digue, le mur de Berlin entre les deux se fissure. Des brèches s'ouvrent. Il faut les élargir. Jardins de Cocagne explore aussi avec l'entreprise Vinci comment transformer les terrains situés aux alentours des aires d'autoroute en jardins maraîchers bio. »

Bien sûr, la vigilance est aussi nécessaire que l'enthousiasme, pour éviter le risque d'instrumentalisation ou de déformation du projet initial, pour distinguer clairement les pratiques RSE vraiment responsables et celles relevant plus du marketing et de la communication.

La vigilance s'impose pour gérer au mieux la tension entre concurrence et partenariat, notamment sur des marchés historiquement défrichés par les entreprises sociales mais qui attirent le secteur marchand à but lucratif lorsque la demande devient solvable (services à la personne, déchets électriques et électroniques…).

Les alliances doivent s'accompagner d'un message clair : le développement des relations avec les entreprises classiques ne saurait justifier un désengagement des pouvoirs publics.

Les territoires des nouvelles alliances

Les territoires sont des laboratoires de démocratie économique. Des espaces appropriés pour concrétiser les attitudes que nous revendiquons : résistance à la financiarisation, à la marchandisation du monde, coopération de parties prenantes dans des initiatives entrepreneuriales locales.

C'est sur le territoire que les entrepreneurs, la société civile et la collectivité publique peuvent transformer l'essai de démocratie économique.

Nous affirmons le territoire, sans pour autant, comme disait de Gaulle à propos de l'Europe, sauter sur nos chaises comme des cabris en criant « les territoires », « les territoires », comme si cette incantation rituelle suffisait à exorciser les tares du capitalisme et à faire surgir des paradis territoriaux. Nous savons que le territoire est aussi risque d'enfermement, de consanguinité, de lutte de clochers, de conservatisme de notables, de mille-feuilles de structures, d'enchevêtrement de compétences.

Depuis trente ans, la France a connu une révolution silencieuse. Les collectivités locales, faibles en 1975, sont peu à peu montées en puissance politique, financière, d'expertise, quand l'Etat reculait.

La fin des Trente Glorieuses a fait coïncider une nécessaire intervention économique des collectivités locales, pour répondre à la montée du chômage en étant au plus près des besoins, avec une décentralisation politique. Mais cette décentralisation est restée largement institutionnelle. Le territoire est assimilé à la collectivité locale, comme la France l'était à l'Etat. La collectivité absorbe le territoire, en conservant une culture publique de l'administration tournée vers « ses administrés ».

La déconcentration doit entrer dans une nouvelle phase, porteuse de démocratie économique territoriale. Le territoire deviendrait un espace socio-économique *en copropriété*.

Face à la mondialisation, existent de réelles marges de manœuvre de régulation territoriale qu'on peut mieux exploiter. La nécessaire régulation de l'économie-monde est complexe et sera longue à installer. La possible régulation de l'économie-territoire est immédiate et concrète.

Appliquons sur les territoires les trois principes de démocratie économique proposés dans ce livre : associer les agents économiques-citoyens aux décisions locales qui les concernent ; permettre à chacun d'exercer un pouvoir sur l'économie locale ; rendre compte des décisions prises qui impactent le territoire.

Le Groupe Archer, à Romans (Drôme), en est une illustration concrète.

Initialement structure d'insertion concentrée sur son métier d'accompagnement vers l'emploi de personnes en difficulté sociale, le Groupe a évolué vers un projet de « développeur de territoire solidaire », qui crée, développe et reprend des activités économiques sur le territoire, en partenariat, en alliance avec de nombreux acteurs locaux, publics et privés, entreprises, associations, collectivités.

Pourquoi cette évolution ? Parce que dans ce bassin d'emploi de Romans durement touché par la fermeture des entreprises de chaussures, le métier pur d'« insertion » s'essoufflait fortement : difficile en effet d'« insérer » des personnes dans le marché du travail, quand le chômage est élevé et les débouchés professionnels faibles… Il fallait (ré)agir à la source des problèmes : le manque d'emploi.

Archer a travaillé dans trois directions : mise en place d'activités nouvelles (services à la personne, déchets bois, fibre optique…) ; aide à la création ou au développement d'activités par la coopération et la mutualisation de moyens ; la reprise de produits, d'activités ou d'entreprises en difficulté ou en voie de délocalisation (par exemple dans le secteur de la chaussure, industrie historique du territoire). Il s'agit de mutualiser des moyens, de faire émerger la notion de Groupes solidaires, de mettre le territoire en copropriété.

Le Groupe est aujourd'hui organisé autour d'une quinzaine de pôles d'activités autonomes sur le plan technique (souplesse, expertise…). Trois fonctions sont transversales : la gestion des ressources humaines, la gestion des moyens techniques (comptabilité, paie, services généraux) et la direction qui assure la stratégie et la cohésion de l'ensemble. De 2005 à 2008, l'effectif est passé de 165 à 280 ETP (équivalents temps plein).

Depuis trois ans, le Groupe Archer est géré sous forme de SAS (société par actions simplifiée), à l'actionnariat pluriel : professionnels de l'économie sociale et solidaire, particuliers au titre de l'ISF (impôt sur la fortune), entreprises locales, etc.

Cette SAS se distingue par trois spécificités : elle fonctionne selon le principe « une personne-une voix » ; elle se caractérise par une « charte éthique » votée à l'unanimité ; les dividendes sont limités au taux du livret A.

Démocratie économique par la preuve : par l'implication et la participation de tous les acteurs locaux, par une gouvernance d'entreprise fondée sur les personnes plutôt que sur le capital, par l'évaluation de ses pratiques au regard d'une charte éthique co-construite par les acteurs. On retrouve les trois principes en action.

Exemple éclairant des nouvelles alliances, sur les territoires. On s'approprie ensemble l'économie. On décloisonne. On pèse sur les choix. Cet exemple d'Archer, on le retrouve démultiplié au sein du programme VITA de la Fédération Coorace qui vise à multiplier la création de ces pôles, de ces « groupes économiques solidaires ».

La forme coopérative des Scic est également un bon prototype d'alliance entrepreneuriale territoriale.

Lorsqu'on parcourt la liste des Scic existantes, on voit apparaître quelques figures types de ce que pourraient être les entreprises partenariales territoriales de demain : Enercoop a pour activité de fournir de l'électricité d'origine renouvelable ; elle regroupe des professionnels des énergies renouvelables, des associations citoyennes (Greenpeace), des collectivités locales, des financiers (Nef), des entreprises (Biocoop). Auto'trement est une Scic qui gère à Strasbourg un service d'autopartage et rassemble à son capital particuliers, associations, collectivités. La Scic Replic duplique en Languedoc-Roussillon des entreprises sociales au modèle validé, en partenariat avec les collectivités locales (départements, région, communautés d'agglomération…).

Ce qui frappe dans ces alliances entrepreneuriales territoriales, c'est l'entrée de la société civile dans la démarche, en partenariat avec les collectivités. Les entreprises se créent à l'initiative d'un groupe citoyen, ou les associent dans sa gouvernance. Avec l'appui de la collectivité. L'entreprise n'est plus la seule chose de son propriétaire. Elle est le partenaire de la « Cité », son capital *« appartient au territoire »*, comme le dit bien Christophe Chevalier, directeur du Groupe Archer.

En ce sens ces démarches véhiculent de la démocratie économique territoriale. On passe de l'entreprise, unité de production posée sur un territoire, à un espace de responsabilité économique et social partagé entre ses parties prenantes. Un territoire en copropriété.

Sur les territoires, ceux qui veulent construire un autre modèle de développement peuvent entreprendre ensemble, et porter un langage de la preuve. Ce multilatéralisme n'exclut pas le leadership. « Partnership » et « leadership » vont de pair. Il nous faut donc agir aussi pour faire émerger de nouveaux leaderships, des chefs d'orchestre, de ceux dont le talent est de permettre aux nouveaux alliés de donner le meilleur d'eux-mêmes.

Épilogue

La « Possibilité » plutôt que
la « Grande Promesse »

« L'ingrédient vital dont nous avons besoin – et la politique aussi – c'est l'espoir. La résurrection de l'espoir n'est pas ici celle de la Grande Promesse, c'est la résurrection d'une possibilité. »

Edgar MORIN

Les expériences et pratiques de démocratie économique que nous avons décrites et analysées dans ce livre contribuent à remettre la société en mouvement, à lui donner prise sur elle-même, à instaurer de nouvelles régulations. Elles ne sont pour autant ni parfaites ni abouties.

Elles constituent des laboratoires où s'inventent, avec des succès variables selon les entreprises ou les moments, des voies concrètes pour démocratiser l'économie. La démocratie économique est un processus inachevé, qui appelle moins à la perfection qu'à une amélioration continue.

Les trois principes de démocratie économique que nous avons présentés, encore très partiellement mis en œuvre dans le système économique actuel, dessinent un horizon.

La démocratie économique est bien une utopie, mais non totalitaire. L'économiste et philosophe Marc Fleurbaey souligne qu'elle *« ne ressemble pas au rêve communiste, mais ne ressemble pas à un rêve du tout, car la démocratie n'a pas d'effets euphoriques et n'instaure pas d'atmosphère paradisiaque. Elle rend chacun responsable de multiples éléments de sa vie, avec tous les tracas que cela implique, et elle ne simplifie guère les prises de décision, au contraire (…). L'après-capitalisme qui se profile sera moins inégalitaire, plus libre, plus respectueux de la dignité humaine, mais il augmentera plutôt qu'il ne diminuera les responsabilités de chacun. Il en est allé ainsi des émancipations de l'histoire passée (…) et il n'y a pas de raison que les émancipations futures soient miraculeusement différentes*[1] *»*.

La démocratie économique ne promet donc pas des lendemains qui chantent ou le paradis sur terre. Elle ne propose pas une « nouvelle société » par décret, un « homme nouveau », en rupture avec ce que nous sommes et qui serait miraculeusement doté d'une pleine aptitude à la solidarité et à la vie en société.

La Grande Promesse est de toute façon morte. Les réponses aux défis du XXIe siècle et aux crises actuelles de l'humanité ne viendront pas d'un Grand Soir aussi mythique qu'illusoire, dont l'His-

---

1. *Op. cit.*, p. 33.

toire nous a montré les dangers et les impasses. Elles ne viendront pas d'un nouveau parti ou d'un homme providentiel, aussi charismatique ou médiatique soit-il. Elles ne viendront pas d'une nouvelle idéologie, structurée et packagée, qui remplacerait le communisme, la social-démocratie ou le libéralisme.

Il faut en finir avec l'imaginaire du « changement par décret ». Les nouvelles régulations citoyennes et entrepreneuriales que nous appelons de nos vœux sont davantage des processus que des procédures. Un processus est une suite souple de phases, laissant place à l'adaptation et l'improvisation, pour transformer progressivement des modes d'organisation, des logiques d'acteurs, des représentations.

Eloge de la tension

Les trois régulations entrepreneuriales (sociétés de personnes, entrepreneuriat social, RSE) qui traduisent ces processus de démocratie économique constituent des références, des sensibilités, des maturités différentes. Ce qui nous intéresse, c'est que toutes trois mettent en tension les contraintes du marché avec une finalité qui les dépasse, sociale, environnementale ou sociétale.

Les trois « types » d'entrepreneurs, lorsqu'ils sont sincères, sont des gestionnaires de tensions et d'équilibres, fructueux dans leur méthode. Ils ne visent pas à accaparer le pouvoir mais à l'exercer et à le partager. Avec les sociétaires, avec les parties prenantes, avec les pouvoirs publics. Dans les trois cas, il s'agit d'articuler des objectifs affichés et des pratiques réelles. Tout ceci concourt à davantage de démocratie entrepreneuriale, par un langage de la preuve.

En définitive, il s'agit de privilégier le ET plutôt que le OU. Par exemple, de conjuguer un esprit de résistance et un esprit de coopération. On n'est pas obligé d'être tout l'un ou tout l'autre. Résister et coopérer simultanément fait partie de l'approfondissement démocratique. La résistance est aussi consubstantielle à la démocratie que la négociation, le compromis, le partenariat. Une société sans compromis est une société figée et menacée d'éclatement. Une société sans conflit n'existe que dans les dictatures ! Résister c'est coopérer, coopérer c'est résister.

Tension des valeurs aussi. La démocratie économique repose sur les valeurs d'autonomie et de responsabilité mais aussi de solidarité et de justice sociale. L'autonomie sans la solidarité, la responsabilité sans la justice, c'est le chacun pour soi, la loi de la jungle où les plus fragiles paient toujours le plus lourd tribut. Et la solidarité sans l'autonomie, la justice sans la responsabilité, c'est le collectivisme et la bureaucratie, dont personne ne souhaite le retour. Il y a une tension féconde entre ces valeurs, nécessaire pour éclairer le chemin vers une démocratie économique.

De même, conjuguer l'efficacité économique ET la vitalité démocratique constitue un facteur de progrès : la décision préparée par une transparence démocratique sera plus solide. Pourquoi s'enfermer dans une opposition manichéenne entre le décideur solitaire et l'impuissance collective ? Cherchons le ET plutôt que le OU : la responsabilité individuelle du dirigeant et la préparation collective de la décision.

La démocratisation économique crée de nouveaux rapports entre l'individu économique et le collectif. Entre le salariat, déresponsabilisant, souvent aliénant, et l'auto-entrepreneuriat, sous-responsabilisant, souvent précaire, il peut exister d'autres formes économiques qui conjuguent coopération et responsabilité : c'est vers elles qu'il faut aller.

Pour cela, il y a urgence à décloisonner, à apprendre à travailler ensemble, à être partenaires. Ce mot de partenariat est un mot-clef des nouveaux courants entrepreneuriaux à faire converger. Défendons l'entrepreneuriat partenaire, plus que l'entrepreneuriat hyperconcurrent. Défendons le gagnant-gagnant plus que le jeu à somme nulle. Le ET plus que le OU.

Changer d'échelle

L'idée de Possibilité est toujours vivante, quoi qu'en disent les Cassandre de l'impuissance politique, de la résignation des citoyens, de la cupidité des entreprises. Elle émerge et progresse particulièrement au cœur de l'économie de marché : là où beaucoup nous annonçaient la « fin de l'Histoire » économique par le triomphe définitif et généralisé de l'économie de marché libérale, nous voyons un monde pluriel et en mouvement.

Partout, des énergies se déploient. Des citoyens s'engagent dans les associations, les mouvements consuméristes, les ONG. Des internautes créent de nouvelles solidarités sur le web et un autre rapport à la propriété. Des entreprises adoptent de véritables politiques de développement durable, en associant les parties prenantes de leur activité. Des investisseurs socialement responsables s'activent, désireux de remettre du sens et du long terme dans la finance. Des collectivités se mobilisent en faveur de l'économie sociale et solidaire.

Tous ces acteurs se rejoignent dans une volonté de résister, contre les exclusions et les pauvretés, contre l'extension illimitée du domaine de la marchandise, contre les dérives du capitalisme financier.

Ils se rejoignent dans un désir d'entreprendre autrement, de manière responsable et équitable, avec l'obligation de rendre compte de son impact social et écologique, avec un regard différent sur la richesse.

Ils se rejoignent au fond dans la conviction qu'il n'est ni possible de continuer comme avant (capitalisme financier), ni de faire table rase de l'existant (économie de marché). Ils travaillent à des alternatives à l'intérieur du système existant, en s'appuyant sur ses propres dynamiques de changement, plus que jamais réelles et diverses. L'économie de marché ne se remplace pas de l'extérieur, elle se transforme de l'intérieur.

*

Ils travaillent ainsi à inventer une autre économie de marché, qui remette l'économie au service des hommes ET qui permette à chacun d'être pleinement acteur de l'économie. Une économie de marché démocratisée.

Certains diront que leur action est utile et sympathique mais que leur impact est périphérique et le restera. Après tout, le commerce équitable ne pèse que 0,01 % du commerce mondial, l'investissement socialement responsable (ISR) ne représente que 1 % du marché financier de l'investissement en Europe, il n'y a que 2 000 Scop en France, sur un total de 2,6 millions d'entreprises…

Cette photographie est juste. Mais fait fi des dynamiques en cours, des potentialités à révéler, du mouvement. Passons de la photo au film.

D'abord, l'impact de cette société civile active augmente rapidement.

Une banane sur deux vendue en Suisse est aujourd'hui issue du commerce équitable. Des entreprises sociales comme le Groupe SOS connaissent des rythmes de croissance à deux chiffres. Des entreprises coopératives comme Chèque Déjeuner ou Mondragon se sont internationalisées et occupent des places de leader dans leur secteur. Des banques éthiques ou solidaires comme le Crédit coopératif, la Nef, Banca Etica ou Triodos Bank se développent rapidement. La part de l'agriculture biologique en Autriche atteint 11 % (2 % en France), grâce à une politique de soutien volontariste et efficace. Le gouvernement brésilien a créé un secrétariat d'Etat à l'Economie solidaire, celui du Royaume-Uni un secrétariat d'Etat au Tiers-Secteur doté de 500 millions de livres sur trois ans. L'Espagne a promulgué en 2010 une loi sur l'économie sociale.

Les pouvoirs publics ont un rôle-clef à jouer pour accélérer ou freiner le mouvement. Ils peuvent intégrer dans le système éducatif, du collège à l'université, des modules dédiés à la démocratie économique, à la citoyenneté économique, à l'économie plurielle. Les jeunes diplômés de grandes écoles, dirigeants de demain, restent formatés dans une vision étroite de l'économie, de l'entreprise, de la performance, de l'innovation. Les ouvrir à la diversité des réalités est un enjeu essentiel ; beaucoup d'entre eux sont en attente d'une telle évolution.

L'Etat et les collectivités peuvent aussi favoriser les entreprises qui jouent le jeu de cette démocratie économique, par un accès favorisé aux marchés publics, par une fiscalité incitative, par un accès amélioré au crédit, par une promotion auprès du grand public, par une simplification administrative, par des garanties bancaires privilégiées, par des financements de croissance ou d'innovation dédiés.

Enfin et surtout, nous croyons que ce mouvement peut quitter la marge et aller au centre, passer à la vitesse supérieure et changer d'échelle, grâce à

ces alliances fécondes entre ses acteurs, traditionnel-
lement peu habitués à coopérer.

Loin du Grand Soir et des grilles de lecture figées
du XXe siècle, une démocratie économique s'invente,
par le bas, de manière foisonnante et plurielle. Une
démocratie économique qui, face à la taille des défis
à relever, à leur complexité, à leur interdépendance,
ne propose pas de solutions miracles globalisantes,
mais appelle au devoir de responsabilité de l'ensemble des parties prenantes. Et montre qu'il n'y a pas
de fatalité : la Possibilité est celle de la démocratie
économique.

TABLE

Dans la collection Mondes Vécus

Composé par Nord Compo Multimédia
7, rue de Fives, 59650 Villeneuve-d'Ascq

Achevé d'imprimer en octobre 2010
N° d'édition : 16443 – N° d'impression :
Dépôt légal : octobre 2010